파스타보다
맛있는

이탈리아 샐러드
레시피

일러두기

· 재료는 2인분을 기준으로 했습니다. 특별한 경우 따로 표기했습니다.

· 요리 재료의 올리브 오일은 대부분 엑스트라 버진 올리브 오일을 썼습니다. 특히 반드시 써야 할 경우는 엑스트라 버진 올리브 오일로 밝혀 적었습니다. 튀김용이나 용도에 따라 필요한 오일은 따로 밝혀 적었습니다.

· 발사믹 비니거는 12년산 이상을 사용하였고, 화이트 와인은 조리용을 사용하였습니다. 화이트 와인 비니거는 어떤 제품을 써도 괜찮습니다.

· 외래어 표기법을 기준으로 적되, 현지어와 발음 차이가 큰 리조또, 모짜렐라 치즈, 트라메찌니, 고르곤졸라 치즈 등은 현지 발음에 가깝게 적었습니다.

파스타보다
맛있는

Insalata Italiana

이탈리아 샐러드
레시피

정해리 지음

b.read

이탈리아처럼,
샐러드하세요.

이탈리아 샐러드를 궁금해하는 분들이 많았어요. 그럴 때마다 저는 조금 난감했어요. 이탈리아에서 샐러드라고 하면 그린 샐러드 정도라서 소개할 만한 것이 없거든요. 레스토랑에서 그린 샐러드를 시켜도 녹색 채소 한두 가지에 간단한 드레싱이 전부이고, 심지어 드레싱조차 뿌리지 않은 채 '풀'만 주기도 해요. 식탁 위에 놓인 올리브 오일, 비니거, 소금 등을 취향껏 뿌려 먹으라는 뜻이죠. 그래서 쿠킹 클래스나 창업 컨설팅에서 샐러드에 관한 질문을 받으면 프랑스나 다른 유럽 지역의 샐러드를 알려드렸어요.

저는 매년 농가 숙박 여행인 '애그리투어리즘(agriturism)' 미식 투어를 떠나는데요. 이 테마 여행을 진행하면서 한국 사람들이 말하는 '샐러드'가 무슨 의미인지 알게 되었어요. "채소를 맛있게, 다양하게, 많이 먹고 싶다", "쉽게 만들어서 가볍게 먹고 싶다"라는 뜻이었는데, 저는 곧이곧대로 '이탈리아 샐러드'만 생각하며 고심했던 거예요. 그렇다면 모든 이탈리아 음식이 샐러드입니다!

그 지역에서 제철에 나는 재료들을 간단하게 조리해서 크게 양념을 하지 않고 먹는 레시피는 모두 우리가 생각하는 쉽고, 맛있고, 건강한 음식인 '샐러드'인 것이죠. 지역마다 다양한 매력을 지닌 애피타이저와 제가 좋아하는 레스토랑 입구 쇼케이스에 놓인 음식들, 테마 여행 멤버들이 감탄하며 먹었던 음식들이 마구 떠올랐어요. 차가운 애피타이저, 따뜻한 애피타이저, 각종 오븐구이, 버섯 요리, 채소 파이, 해산물, 고기, 타볼라 칼다(Tavola Calda)라는 학교 앞 분식점에서 먹었던 메뉴까지. 소개하고 싶은 음식과 재밌는 이야기들이 참 많더라고요.

간단하지만 매력이 넘치는 이탈리아 음식으로 건강하고 맛있는 식사를 즐기세요!

2023년 여름
제주에서, 정해리

CONTENTS

PART 1

샐러드를 위한 절임
Marinate per Insalata

PART 2

차가운 샐러드
Insalata Fredda

PART 3

따뜻한 샐러드
Insalata Calda

이탈리아처럼
심플하게 요리하기

이탈리아
샐러드는

이탈리아 음식은 간단해요. 신선한 재료와 단순한 양념, 심플한 레시피가 특징이에요. 음식을 담을 때도 장식하고 멋 내기보다 본 요리를 딱 놓는 식이죠. 장식은 허브를 뿌리는 정도고, 식용 꽃을 올리거나 채소를 얇게 저미는 등의 손재주를 부리는 경우는 거의 없어요. 프랑스 음식이 시각과 섬세한 미각에 집중한다면 이탈리아는 맛과 질감을 중요시해요. 질감도 다채롭게 섞지 않아 말랑한 것과 딱딱한 것을 같이 섞는 경우는 드물어요. 물론 이탈리아와 맞닿은 남프랑스는 이탈리아처럼 재료에 집중하는 요리를 즐겨요. 이것이 음식의 지역색이 아닐까 싶어요.

이탈리아 음식의 특징이 이러니 샐러드는 더욱 심플하겠죠. 역시나 프랑스 샐러드와 비교하면 차이점이 확연해요. 다양한 채소를 넣는 프랑스 샐러드와 달리 이탈리아는 지역에서 나는 채소 몇 가지만 담는 그린 샐러드가 기본이에요.

재료의 맛을 즐기기 위해 드레싱은 간단히

채소 자체가 가지고 있는 맛과 향을 즐기는 데 집중해요. 이는 식재료 좋은 동네의 특징이죠. 이탈리아에 간다면 지역의 주요 농산물과 해산물이 무엇인지 알고 주문하는 것이 맛있는 음식을 먹는 노하우예요. 재료 본연의 맛을 즐기기 때문에 드레싱은 간단해요. 보통 엑스트라 버진 올리브 오일과 와인 비니거 또는 레몬즙으로 마무리해요. 올리브 오일에 상큼한 맛을 더하기 위해 레몬을 즐겨 쓰고요. 바꾸어 말하면 드레싱이 음식 맛에 큰 영향을 주지 않는다는 뜻이기도 합니다. 좋은 쇠고기는 양념하지 않고 본연의 맛을 즐기는 것처럼요.

생으로 먹기보다 굽거나 찌거나 볶아요

이탈리아의 샐러드 개념은 우리와 좀 달라요. 일상식의 스타일이 다르기 때문이겠죠. 생으로 먹는 샐러드는 그린 샐러드 정도, '핀치모니모'라고 하는 채소 스틱 정도가 대표적이고, 다 찾아내도 종류가 다양하지 않아요. 우리 관점에서 샐러드로 먹는 메뉴는 전채 요리에 많아요. 채소 요리도 생으로 먹는 것은 많지 않고 굽거나 찌거나 볶는 것이 많지요. 가지 튀김류도 다양하고 셀러리도 익혀 먹는 요리가 더 많아요.

발사믹 식초를 즐겨 먹는 지역은 따로 있어요

우리나라 이탤리언 레스토랑에 가면 빵과 올리브 오일에 발사믹 식초를 섞은 소스를 기본처럼 주는데 사실 이런 차림은 거의 없어요. 이탈리아에서는 원산지인 모데나 지방을 중심으로 레지오 에밀리아주, 피에몬테주에서 주로 발사믹 식초를 먹고, 모데나에서도 올리브 오일에 발사믹을 섞어주지는 않아요. 남쪽 지방이나 로마에서는 발사믹 식초를 달라고 해도 없어서 못 주는 경우가 많아요. 또 빵은 올리브 오일에 찍어 먹기보다 수프나 파스타 소스에 찍어 먹지요. 굳이 올리브 오일을 안 찍는 이유는 이탈리아의 대표 식사 빵인 포카치아가 이미 올리브 오일을 듬뿍 넣어 만들기 때문이에요. 올리브 오일을 곁들이는 경우는 올리브 오일을 좋아하는 사람들이 브루스케타에 뿌려 먹는 정도예요.

샐러드에 나이프를 쓰지 않아요

샐러드를 먹을 때 나이프를 사용하지 않아요. 나이프는 메인 요리에 쓰므로 샐러드는 잔손이 가지 않게 준비해요. 예를 들어 해산물 샐러드는 조개 껍데기나 새우 머리와 껍데기를 벗겨서 만들어요. 이는 껍데기가 있으면 매리네이드에 방해가 되기 때문이기도 해요.

허브와
향신 채소

바질

바질은 토마토의 짝꿍 허브로, 웬만한 파스타에 두루 쓰고 샐러드에도 들어가요. 브루스케타를 할 때도 바질이 빠지면 뭔가 허전하고요. 바질은 누린내를 잡지 못해서 고기와 쓰는 경우는 거의 없어요. 그런 부차적인(?) 허브가 아니라 바질 자체가 주인공이라서 '바질'이 들어가면 요리 이름에 바질이 붙지요. 바질은 제가 가장 좋아하는 허브이기도 해요. 정말 최고의 허브예요.

이탤리언 파슬리

이탤리언 파슬리는 가장 두루 쓰는 허브인데 특히 해산물 요리에 꼭 넣어요. 해산물에 넣으면 비린내가 잡히고 특유의 허브 향이 빛을 발하죠. 연한 것은 잎과 줄기를 함께 송송 썰어 같이 사용하고, 거친 부분은 향이 너무 강해 육수에 활용해요.

셀러리잎

이탤리언 파슬리와 마찬가지로 셀러리잎을 샐러드에 넣은 것은 이탈리아에서는 거의 보지 못했어요. 요리 학교에서나 가정집에서나 모두 잎 부분은 생선 육수에 넣거나 버려요. 그런데 요즘은 이탈리아 요리 문화가 많이 바뀌어서 가끔 셀러리잎을 넣은 경우도 보이더라고요.

세이지

세이지는 고급 요리에 쓰여요. 정통 이탈리아 요리 중에 세이지와 버터로 만든 뇨키가 있는데 심플하면서도 기품이 있어요. 로마나 토스카나 지역에 세이지를 이용한 소스가 많아요. 세이지는 다져 쓰지 않아요. 깻잎튀김, 시소튀김

처럼 튀겨 먹기도 합니다. 우리나라에서는 세이지가 흔지 않고 재배해도 가늘고 좁게 자라기 때문에 저는 세이지를 쓸 때 2~3장씩 겹쳐서 양을 늘려요.

케이퍼

남부 이탈리아와 시칠리아에서 무척 사랑받는 허브예요. 케이퍼도 종류가 다양한데 알이 굵은 고가의 케이퍼도 있어요. 올리브처럼 케이퍼만을 와인 안주로 먹기도 하고요. 케이퍼는 해산물에 곁들이기도 하고, 닭고기나 돼지고기 요리에 쓰기도 해요. 다만 연어는 케이퍼보다는 딜을 매치하지요. 이렇게 사랑받는 케이퍼지만 북부 지역에서는 거의 쓰지 않아요.

고수

남쪽의 바닷가 도시와 아랍이나 스페인, 그리스와 가까운 곳에서 쓰고, 일반적으로 양갈비 요리에 들어가는 정도예요. 이탈리아 사람들이 즐겨 쓰는 허브는 아니죠. 물론 요리 학교에서 수업할 때나 셰프들이 복잡한 맛을 낼 때 쓰곤 해요. 고수를 비롯해 커민, 딜, 마조람은 채소 요리에는 잘 쓰지 않아요.

이탈리아에서
즐겨 쓰는 식재료

올리브

이탈리아를 여행하다 보면 가장 많이 보이는 나무가 올리브나무예요. 품종도 다양하고 올리브를 활용한 요리도 많아요. 생으로 먹기도 하고, 절임이나 튀김, 페스토를 만들기도 해요. 올리브 종류는 엄청 다양해요. 그린, 블랙 이외에 시칠리아에서 나는 가지색 올리브도 맛있었어요. 블랙 올리브는 그린 올리브를 싫어하는 사람들도 무난하게 즐길 수 있지요. 올리브는 크기가 클수록 고급이고, 씨가 없는 것은 대체로 저렴하다고 보면 돼요. 씨가 있는 올리브가 훨씬 신선하거든요.

토마토

토마토의 다양한 종류를 보고 싶다면 이탈리아 남부의 재래시장에 가보세요. 길쭉한 것, 심장 모양처럼 생긴 것, 포도처럼 조롱조롱 달린 것, 우리나라 대저토마토와 비슷한 것 등 정말 다양한 토마토가 있어요. 방울토마토 종류도 엄청 다양해요. 우리나라의 분홍 토마토는 품종이 달라 맛도 이탈리아 토마토에 비하면 좀 싱거워요. 그래서 저는 당도가 높고 진한 대추방울토마토를 쓰거나 이탈리아산 방울토마토 캔 제품을 즐겨 써요. 방울

토마토 캔을 구하기 힘들다면 끓는 물에 20초 정도 담갔다가 바로 찬물에 넣어 껍질만 벗긴 후 그대로 사용하면 돼요.

치즈

가장 많이 쓰는 것은 파르메산 치즈예요. 양젖으로 만드는 페코리노 치즈도 파스타 위에 뿌리거나 와인 안주로 곁들이는 데 많이 쓰는 무척 사랑받는 치즈죠. 시칠리아에는 이 페코리노 치즈가 말랑한 것부터 단단한 것까지 다양하게 생산돼요. 우리에게 친근한 모짜렐라 치즈도 현지에는 다양한 종류가 있어요. 또 모짜렐라 치즈와 함께 많이 먹는 연성 치즈로 부라타 치즈가 있죠. 요즘 우리나라에서도 인기를 끌고 있는 진한 맛의 치즈예요. 프로볼로네 치즈는 소금물에 담긴 모짜렐라 치즈를 숙성시켜 만든 치즈인데 요즘 우리나라에서도 판매하더라고요. 그런데 우리나라 마트에서 흔한 브리 치즈나 카망베르 치즈는 프랑스에서 즐겨 먹는 치즈이고, 이탈리아에는 그 종류가 별로 많지 않아요. 파르미자노, 프로볼로네, 아시아고 등은 치즈의 종류가 아니라 생산지 이름이에요. 블루치즈의 대표 격인 고르곤졸라도 밀라노에서 40분 거리에 있는 도시 이름이지요. 블루치즈 역시 프랑스에서 더 즐겨 먹어요. 이탈리아의 경우 그대로 먹기보다는 요리(특히 고르곤졸라 피자!)에 쓰거나 마스카르포네 치즈나 리코타 치즈와 섞어 먹어요.

PART 1

샐러드를 위한 절임

Marinate per Insalata

오븐에 구운
방울토마토 오일 절임

Pomodorini Secchi Marinata

올리브와 더불어 지중해 식단의 대표 재료 토마토. 요즘은 유럽에서도 큰 토마토보다 방울토마토가 유행이에요. 하지만 제 책 <이탈리아 집밥>에 소개한 방울토마토 피클은 정작 이탈리아에는 없는 음식이랍니다. "안 그래도 달콤한 토마토를 굳이 피클로 만든다고?"라는 의아함이 들 수 있죠. 방울토마토 피클은 일본에서 유행하다가 우리나라에 건너온 레시피예요. 이번에 소개하는 절임은 오븐에 구워 단맛을 올리고 식감은 선드라이드 토마토보다는 좀 더 부드러운 절임이랍니다. 마른 오징어와 반건조 오징어의 차이쯤 되겠죠?

READY 대추방울토마토 500g, 마늘 1쪽, 이탤리언 파슬리 약간, 소금 2작은술
엑스트라 버진 올리브 오일 1/2컵

COOKING

1 방울토마토는 깨끗이 씻어 반으로 갈라 체에 밭친다. 마늘과 파슬리는 다진다.

2 다진 토마토에 소금을 뿌려 1시간 정도 재웠다가 씻지 않고 체를 잘 흔들어 물기를 뺀다.

3 ②를 볼에 옮겨 다진 마늘과 파슬리를 뿌려 잘 섞어둔다.

4 오븐 팬에 종이 포일을 깔고 ③의 토마토를 펼쳐 담는다.

5 ④를 180℃로 예열한 오븐에 30분 정도 조리한다.

6 토마토가 납작해지고 반쯤 건조되면 소독된 병에 담고 올리브 오일을 부어 저장한다.

HARRY'S TIP 대추방울토마토는 당도가 높아서 오일 절임을 하기 좋아요.

올리브 오일
단호박절임

Zucca Sottolio

단호박은 칼로리도 낮고 소화도 잘 돼요. 그리고 예쁘죠. 아시아에서는 죽이나 볶음으로, 유럽에서는 수프나 구이로 많이 먹어요. 이탈리아에서는 파스타나 리조또에 넣기도 하고 라비올리 소로도 즐겨 쓰지요. 저는 단호박 요리를 하고 남은 부분을 모아 오일 절임을 해요. 컬러가 예뻐서 샐러드나 메인 요리에 곁들이기 좋아요.

READY   단호박(껍질 벗긴 것) 900g, 화이트 와인 비니거·물 300ml씩, 마늘 2쪽
월계수잎·타임 약간씩, 엑스트라 버진 올리브 오일 적당량

COOKING   1 단호박은 필러로 껍질을 벗긴 후 편으로 썬다.

2 냄비에 화이트 와인 비니거와 물, ①의 단호박을 넣고 4분 정도 끓인다.

3 ②에 마늘과 월계수잎, 타임을 넣고 1분 정도 더 끓인다.

4 냄비에 담긴 단호박과 향신 채소를 건진 다음 종이 타월이나 무명 천 위에 올려 물기를 거둔다.

5 소독된 병에 ④의 재료들을 담고 단호박이 잠길 정도로 올리브 오일을 부은 후 뚜껑을 닫는다. 여름에는 냉장 보관한다.

HARRY'S TIP 생단호박은 껍질이 단단해요. 전자레인지에 5분 정도 돌리거나 160℃ 오븐에서 10분 정도 구운 후 껍질을 벗기면 쉬워요.

껍질 벗긴
가지절임

Melanzane Sottolio

가지는 칼로리도 낮고 몸에 좋은 성분도 풍부한데 특유의 물컹한 식감 때문에 싫어하는 사람이 많아요. 저 역시 가지를 입에도 대지 않다가 이탈리아에서 가지 음식을 먹어보고는 매력에 빠졌지요. 이탈리아에서는 가지를 튀기거나 오븐에 굽기도 하고, 파스타에 넣기도 해요. 여름이 오면 가지를 오일에 절여 1년 내내 두고 먹고요. 가지가 풍부한 시칠리아에서는 각종 요리에 가지를 넣어요. 저는 하숙집 안나 할머니가 늘 싸주시던 가지절임을 샐러드에도 넣고, 빵이나 과자 위에 얹어 먹기도 했어요. 가지절임도 다양한 레시피가 있지만 여기서는 데치지 않고 김치처럼 소금에 절여서 먹는 남부식을 소개합니다.

READY　　가지 3.5kg, 마늘 2쪽, 이탈리언 파슬리 약간, 페페론치노 1개, 소금 60g
　　　　　　화이트 와인 비니거 100ml, 엑스트라 버진 올리브 오일 200ml

COOKING　1　가지는 씻어서 필러로 껍질을 벗긴다.

　　　　　　2　마늘은 편으로 썰고, 파슬리는 다진다.

　　　　　　3　①의 가지를 0.5cm 두께로 어슷하게 썰어 도톰하게 채 썬 후 중간중간 소금을 뿌려가며 병에 담는다.

　　　　　　4　③에 화이트 와인 비니거를 붓고, 손으로 꾹꾹 눌러 그릇이나 돌을 올려 24시간 둔다.

　　　　　　5　④의 가지를 꺼내 체에 올려 물기를 뺀다.

　　　　　　6　소독된 병에 ⑤의 가지를 담고, 마늘과 파슬리 다진 것을 중간중간 뿌린다.

　　　　　　7　마지막에 페페론치노를 넣고 가지가 잠기도록 올리브 오일을 부은 후 뚜껑을 닫아 5일 정도 두었다가 먹는다.

HARRY'S TIP 바로 먹으면 새콤한 맛이 강하고, 5일 정도 두었다가 먹으면 맛이 더 부드럽게 어우러져요. 취향에 따라 먹는 시기를 조절하세요.

피망 맛 그대로
피망 오일 절임

Peperoni Sottolio

피망 오일 절임은 새콤한 것을 싫어하는 분들께 추천해요. 촛물에 데 치지만 담가두지는 않아서 피망 고유의 맛을 즐길 수 있어요. 피클은 반찬처럼 먹기 좋고, 이렇게 오일 절임한 채소는 샌드위치, 파니니, 햄버거에 넣으면 고기의 느끼한 맛을 가실 수 있어 좋아요. 우리나라의 반찬과 같다고 생각하면 될 것 같아요. 색깔도 예뻐서 오픈 샌드위치에도 사용하면 좋아요.

READY   피망 400g, 화이트 와인 비니거·물 1L씩, 마늘 3쪽, 타임 약간
로즈메리 1~2줄기, 엑스트라 버진 올리브 오일 적당량

COOKING   1   피망은 깨끗이 씻어 반으로 갈라 씨와 흰 부분을 제거한 후 길쭉하게 썬다.

2   냄비에 화이트 와인 비니거와 물을 붓고 센 불에 올린다. 물이 팔팔 끓으면 ①의 피망을 넣고 4분간 끓인다.

3   ②에 마늘과 타임, 로즈메리를 넣고 1분 정도 더 끓인다.

4   ③을 건져 종이 타월에 올려 잠시 식히면서 물기를 제거한다.

5   소독한 병에 ④를 담고 올리브 오일을 가득 채운 후 일주일 정도 두었다가 먹는다.

HARRY'S TIP   소독한 병에 담은 후 열탕 소독하면 6개월 이상도 보관 가능해요. 선물용으로 만들 때는 이 과정을 거치세요.

아삭아삭
피망 피클

Peperoni in Agrodolce

피망은 색깔마다 맛도 영양 성분도 달라요. 노랑 피망에는 비타민 C, 주황 피망에는 베타카로틴, 빨강 피망에는 리코펜이 풍부해요. 안나 할머니는 알레르기가 심한 저에게 빨강 피망을 주셨어요. 피망 피클은 김치처럼 늘 식탁에 올려도 좋아요. 샐러드에도 넣고, 생선 요리 가니시로도 놓고, 리코타 치즈나 크림치즈 위에도 얹어 먹으면 맛있어요.

READY   피망(다양한 컬러) 5개, 물 800ml, 식초 400ml, 설탕 50g
월계수잎 1~2장, 로즈메리 2줄기, 소금·통후추 약간씩

COOKING   1   피망은 반으로 갈라 씨를 제거하고 흰 부분을 잘라내 먹기 좋은 크기로 썬다.

2   냄비에 물과 식초, 설탕을 넣고, 피망 자른 것을 넣어 3분 정도 끓인다.

3   소독한 병에 ②의 피망을 건져내 담는다.

4   ③에 월계수잎, 소금, 통후추를 넣고 ②의 식촛물을 가득 붓는다.

5   ④에 로즈메리를 넣고 뚜껑을 닫는다.

HARRY'S TIP   피망은 과육이 단단하고 물을 흡수하지 않아 끓인 후 바로 건져 병에 담아도 돼요.

절임용 병 소독하기

큰 냄비에 물을 가득 넣고, 처음부터 병을 넣어 15분 정도 팔팔 끓였다가 건져내어 물기를 말린다. 물에 끓이는 대신 100℃로 예열한 오븐에 20분 정도 두었다가 꺼내 식혀 쓰는 방법도 있다.

절임을 2주 내로 먹을 예정이면 절임을 담은 후 끓는 물에 넣어 진공 처리하는 과정을 거치지 않아도 된다. 하지만 선물을 하거나 6개월 이상 보관하려면 진공 처리를 하는 게 좋다. 병에 절임을 담고 뚜껑을 꼭 닫은 후 냄비에 세워 넣고 병이 잠길 정도로 물을 부은 다음 20분 정도 팔팔 끓이면 진공상태가 된다. 여름에는 냉장 보관하고, 진공 처리를 하더라도 개봉 후에는 냉장고에 둔다.

트뤼프 오일을 넣은
올리브 절임

Olive in Tartufo

지중해 식단 하면 떠오르는 대표 재료가 올리브지요. 올리브 오일을 매일 한 스푼씩 먹으라고 권할 정도로 항산화 효과가 뛰어나고 콜레스테롤 조절에 탁월하다고 알려져 있죠. 올리브는 병에서 꺼내기만 해도 바로 훌륭한 안주, 반찬이 되지만 허브 등의 향신료를 조금 곁들이면 훨씬 고급스러워요. 올리브 종류도 그린 올리브, 블랙 올리브, 자줏빛 올리브 등 다양하게 섞어 내면 맛도 다채롭고 보기에도 좋죠.

READY 올리브(다양한 컬러) 20알, 이탤리언 파슬리·로즈메리 약간씩
마늘 1쪽, 엑스트라 버진 올리브 오일 1큰술, 발사믹 식초·트뤼프 오일 1작은술씩
호두·피칸 10g씩

COOKING 1 올리브는 캔이나 병에서 꺼내어 체에 밭친다. 파슬리와 로즈메리는 다진다.

2 볼에 마늘과 올리브 오일, 발사믹 식초를 넣고 저어 잘 섞는다.

3 ②에 올리브를 넣고 파슬리와 로즈메리를 넣는다.

4 ③에 랩을 씌워 2시간 이상 재운다.

5 먹기 직전 그릇에 담고 트뤼프 오일을 살짝 두른 후 호두와 피칸을 다져서 뿌려 낸다.

HARRY'S TIP 올리브가 짜다면 2시간 정도 물에 담갔다가 체에 걸러 올리브 절임을 만드세요.

베네치아의
사오르 절임

Saor Veneziana

사오르는 베네치아 전통 요리예요. 저의 첫 책 <이탈리아 집밥>에서 소개했는데 이번 레시피는 조금 다른 보관하기 좋은 절임 스타일로 알려드립니다. 사오르는 원래 정어리로 하는데 국내에선 구하기가 어려워 청어나 꽁치로 만들곤 해요. 멸치 철에 생멸치로 만들어도 좋습니다.

이탈리아 생선 디저트 레시피

READY
정어리(또는 등푸른생선) 1kg, 양파 2개, 카놀라 오일 150ml
화이트 와인 비니거 100ml, 월계수잎 2장, 잣·건포도 25g씩, 밀가루 적당량
튀김용 기름 적당량, 소금·후춧가루 약간씩

COOKING

1 정어리는 깨끗이 씻어 반으로 가른 뒤 뼈를 발라 살만 한 입 크기로 썬다.

2 양파는 채 썰고, 건포도는 물에 담가놓는다.

3 접시에 밀가루를 붓고 ①의 정어리에 밀가루를 묻혀 털어낸다.

4 달군 팬에 튀김용 기름을 넉넉히 넣고 ③의 정어리를 170℃로 튀겨낸 후 소금을 살짝 뿌린다.

5 냄비에 카놀라 오일 150ml를 넣고 ②의 양파와 건포도, 화이트 와인 비니거, 월계수잎, 잣, 후춧가루를 넣은 후 20분 정도 조리해 양파조림을 만든다.

6 밀폐 용기에 ⑤의 양파조림을 깔고 ④의 정어리 튀긴 것을 넣는다. 다시 양파조림을 올린 후 카놀라 오일을 조금 더 부은 다음 뚜껑을 닫아 2일 정도 보관했다가 먹는다.

HARRY'S TIP 정어리 대신 청어, 꽁치, 고등어
등 다른 등푸른생선을 써도 돼요. 살만 발라놓은
순살 생선을 사서 쓰면 요리하기 쉬워요.

PART 2

차가운 샐러드

Insalata Fredda

부라타 치즈
당근 라페

Insalata Carota e Burrata

요즘 당근 라페가 유행이죠. 라페는 프랑스어로 '잘게 채 썰다'라는 뜻이에요. 당근을 그다지 좋아하지 않는 사람들도 라페로 만들면 맛있게 먹어요. 샐러드로 먹거나 샌드위치, 롤에 넣어도 좋고요. 당근뿐 아니라 비트로 만들기도 합니다.

READY 당근 2개, 레몬즙·화이트 와인 비니거 1작은술씩
홀그레인 머스터드·엑스트라 버진 올리브 오일 4큰술씩, 소금·후춧가루 약간씩
부라타 치즈 1덩이(200g), 레몬 제스트·이탤리언 파슬리 약간씩

COOKING 1 당근은 채칼을 이용해 가늘고 길게 채 썬다.

2 레몬은 깨끗이 씻어 과육은 즙을 짜고, 껍질은 얇게 갈아 제스트를 만든다. 파슬리는 다진다.

3 볼에 레몬즙, 와인 비니거, 머스터드, 올리브 오일, 소금, 후춧가루를 넣고 잘 저어 섞는다.

4 ①의 당근에 ③의 소스를 넣고 살짝 섞은 후 랩을 씌워 30분 정도 냉장 보관한다.

5 접시 중앙에 부라타 치즈를 올리고 ④의 당근 라페를 둘러 담은 후 ②의 레몬 제스트와 파슬리를 뿌려 낸다.

HARRY'S TIP 당근은 단단하기 때문에 채칼로 채를 치는 것이 두께도 균일하고 썰기도 수월해요. 소스는 재료를 섞어서 바로 먹지 말고 30분 이상 재웠다가 먹으면 더 맛있어요.

달콤한 우리나라 배로
루콜라 배 샐러드

Rucola con la Pera e Noci

유럽의 배는 무에 견줄 정도로 맛이 없죠. 이탈리아 배도 마찬가지예요. 그래서 레드 와인에 재워 오븐에 굽거나 초콜릿 소스를 뿌려 먹기도 해요. 과일로 먹기에는 부족한 배로 샐러드를 만들어 먹기도 하지요. 배 샐러드는 화이트 와인이나 샴페인과도 잘 어울려요.

READY　　배 1개, 루콜라 100g, 호두 50g, 엑스트라 버진 올리브 오일 2큰술
　　　　　발사믹 식초 1작은술, 소금·후춧가루 약간씩, 파르메산 치즈(덩어리) 적당량

COOKING　1　배는 껍질을 벗기고 씨를 뺀 후 웨지 모양으로 얇게 저민다.

　　　　　2　루콜라는 씻어서 길이가 긴 것을 적당하게 잘라둔다. 호두는 도마에 종이 타월을 깔고 올려 대강 다진다.

　　　　　3　작은 볼에 올리브 오일과 발사믹 식초, 소금, 후춧가루를 넣고 잘 섞는다.

　　　　　4　루콜라에 ③의 소스를 1큰술 정도 남기고 뿌려 살짝 버무린다.

　　　　　5　④를 접시에 담고 배를 군데군데 보기 좋게 놓는다.

　　　　　6　호두를 뿌리고 남은 소스를 두른 후 파르메산 치즈를 필러로 얇게 저며 장식한다.

HARRY'S TIP　발사믹 식초의 양은 취향에 따라 조절하세요. 발사믹 식초는 오래된 것일수록 단맛이 깊어요. 단맛의 배와 새콤한 발사믹 식초, 쌉싸래한 루콜라의 맛이 조화로운 샐러드입니다.

41

HARRY'S TIP 오이 대신 셀러리를 넣어도 좋아요. 구하기는 어렵지만 가장 추천하는 재료는 펜넬입니다. 펜넬 특유의 화하고 상큼한 향이 오렌지 샐러드를 더욱 특별하게 해줘요.

이탈리아 홀릭 레시피

시칠리아식
오렌지 샐러드

Insalata all'Arancia Siciliana

13년 전 제주도에서 2년 정도 살았는데 제주에 대해 알게 될수록 시칠리아와 참 비슷하다는 생각이 들었어요. 그래서 시칠리아를 더 알고 싶어 2개월 정도 요리를 배우러 다녀오기도 했어요. 제주도는 4월이면 귤꽃 향이 온 동네에 가득하고, 시칠리아는 그 즈음 오렌지꽃이 가득하답니다. 시칠리아에는 오렌지 종류가 다양해서 각종 오렌지를 섞는 것만으로도 샐러드가 돼요. 요즘 국내에서도 종종 보이는 블러드 오렌지 역시 시칠리아 특산품이지요. 국내에서는 다양한 오렌지를 구하기가 어려운 만큼 그 대신 천혜향, 자몽 등을 섞어 만들어보았습니다.

READY   오렌지·자몽 1개씩, 천혜향(또는 황금향) 2개, 라임 1개, 오이 1/2개, 적양파 1/2개
블랙 올리브 8개, 설탕 1/2큰술, 소금·후춧가루 약간씩, 엑스트라 버진 올리브 오일 적당량

COOKING

1 오렌지와 천혜향은 동그란 모양을 살려 슬라이스하고, 자몽은 껍질을 칼로 벗긴 후 칼로 저며 반달 모양으로 과육만 발라낸다. 세 가지 과일 모두 하얀 심지를 제거하고, 과일을 손질할 때는 볼을 받쳐 과즙을 받아둔다.

2 오이는 필러로 껍질을 벗기고 씨를 제거한 후 작게 깍둑썰기하고, 적양파는 동그랗게 썬다. 오이와 적양파를 설탕과 소금을 푼 물에 각각 담근다. 라임은 슬라이스한다.

3 ①의 과일에 소금과 후춧가루를 뿌린 후 올리브 오일을 넉넉히 둘러 10분 정도 그대로 둔다.

4 ②의 오이를 건져내 체에 받쳐 물기를 뺀다.

5 볼에 오이를 담고, 블랙 올리브를 넣은 후 소금, 후춧가루로 간하고 올리브 오일을 뿌린다.

6 접시에 ③의 과일과 ②의 라임을 보기 좋게 올리고 ⑤의 오이와 올리브를 올린 후 ②의 적양파를 꺼내 물기를 살짝 거두어 함께 담는다.

7 ①의 과일즙을 뿌려 낸다.

풀리아식
그린 샐러드

위아래로 길고, 삼면이 바다로 둘러싸인 이탈리아는 지역마다 재료도 다양하고 요리도 특성이 있어요. 우리나라와 비슷하지요. 풀리아는 우리나라로 치면 부산쯤에 위치한 지방이에요. 쇼트 파스타 종류가 많고, 그리스와 가까워서인지 그리스 요리와 비슷한 것도 많아요.

READY 어린잎 채소 30g, 오이 1/2개, 방울토마토 5개, 루콜라·치커리 약간씩
페타 치즈 40g, 그릭 요구르트 1큰술
드레싱 올리브유 2큰술, 꿀 1작은술, 레몬즙·소금 약간씩

COOKING

1 채소는 모두 흐르는 물에 씻은 후 건져내 물기를 뺀다.

2 오이는 도톰하게 동그란 모양을 살려 썰고, 페타 치즈는 깍둑썰기한다.

3 루콜라와 치커리를 그릇에 담고 오이, 방울토마토, 페타 치즈를 듬성듬성 올린다.

4 분량의 드레싱 재료를 작은 볼에 담아 잘 젓는다.

5 ③에 그릭 요구르트를 떠서 군데군데 올리고 ④의 드레싱을 뿌려 낸다.

HARRY'S TIP 오이와 방울토마토에 루콜라와 치커리처럼 살짝 맵고 쓴맛이 나는 채소를 곁들여 다채로운 맛이 어우러져요.

HARRY'S TIP 로메인 한 장 한 장마다
드레싱을 고루 발라야 더 진한 맛의
시저 샐러드를 맛볼 수 있어요. 안초비를
좋아한다면 양을 늘려도 돼요.

미국에서 시작된
시저 샐러드

Insalata Cesare

흔하지만 모두 사랑하는 샐러드를 꼽으라면 시저 샐러드가 아닐까 해요. 시판 시저 샐러드 소스가 나올 정도로 인기인데, 집에서 드레싱을 만들면 훨씬 맛있답니다. 시저 드레싱이 시작된 곳은 이탈리아가 아니에요. 이탈리아에서는 마요네즈를 거의 쓰지 않거든요. 사연은 이렇습니다. 이탈리아에서 미국으로 이민 간 시저라는 사람이 호텔을 운영하다가 장사가 잘 되지 않자 레스토랑을 열고 집에서 먹던 샐러드를 선보였는데 그것이 히트를 친 것이죠.

READY 로메인 12장, 파르메산 치즈(덩어리) 약간
크루통 식빵 1장, 올리브 오일 1큰술, 버터 1작은술
드레싱 마요네즈 120g, 다진 마늘 1/2큰술, 안초비 2마리
엑스트라 버진 올리브 오일 2큰술, 화이트 와인 비니거·디종 머스터드 1큰술씩
우스터소스 1/2큰술, 레몬즙·파르메산 치즈 가루 1큰술씩, 소금·후춧가루 약간씩

COOKING 1 로메인은 씻어 물기를 거둔다.

2 분량의 드레싱 재료를 모두 믹서에 넣고 갈아 드레싱을 만든다.

3 식빵을 사방 1cm 크기로 잘라 달군 팬에 올리브 오일과 버터를 넣고 굴러가면서 굽는다. 노르스름하게 색이 나면 꺼내 종이 타월 위에 올려서 기름기를 뺀다.

4 로메인 각 장마다 ②의 드레싱을 살짝 발라 접시에 담고 드레싱을 전체적으로 두른다.

5 ④에 파르메산 치즈를 그라인더로 곱게 갈아 뿌리고 ③의 크루통을 올려 낸다.

채소 스틱
핀치모니오

Pinzimonio

핀치는 '집다'라는 뜻이에요. 유학 시절 미식가 선생님이 레스토랑에서 핀치모니오를 주문하시는 걸 보고 의아했어요. 먹기 좋게 자른 채소를 병에 담고 소스 2가지를 곁들인 메뉴였거든요. 알고 보니 핀치모니오는 직접 기른 채소나 유기농 채소가 있는 레스토랑에서 내놓는 메뉴더라고요. 소스는 지방마다 다르고요. 그러니 우리는 쌈장이나 고추장을 곁들여도 괜찮습니다.

READY   당근 1/2개, 셀러리 1대, 피망 1개, 펜넬·주키니·오이 1/2개씩
방울토마토·로메인 100g씩
그린 소스 바질·이탤리언 파슬리 한 줌씩, 마늘 1쪽
엑스트라 버진 올리브 오일 4큰술, 레몬즙 약간
매콤 토마토소스 방울토마토 15개, 페페론치노 1개, 마요네즈 1큰술
소금·후춧가루 약간씩

COOKING   1   분량의 소스 재료를 섞어 그린 소스와 매콤 토마토소스를 만든다.

2   모든 채소는 깨끗이 씻고 방울토마토와 로메인을 뺀 모든 채소를 최대한 길쭉하고 도톰하게 썬다.

3   긴 유리컵에 길쭉하게 썬 채소를 세워 꽂는다.

4   로메인은 반으로 갈라 접시에 담고 방울토마토는 그대로 옆에 모아 담는다.

5   준비한 채소에 그린 소스, 매콤 토마토소스 등 다양한 소스를 곁들여 낸다.

HARRY'S TIP 주키니를 생으로 먹는 것이 생소한 분도 많은데 한번 시도해보세요. 고소한 맛이 나서 색다른 매력이 있어요.

HARRY'S TIP 가지는 기름을 많이 먹기 때문에
넉넉한 양의 기름에 튀기듯이 조리하세요.
셀러리의 향을 좋아하지 않는다면 셀러리는 한 번
데쳐서 넣으세요.

이탈리아 렐리시 카포나타

50

이탈리아 대표 밑반찬
카포나타

Caponata

프랑스에 라타투이가 있다면 이탈리아에는 카포나타가 있어요. 잘게 자른 채소를 볶아 차게 먹는 요리인데요, 이탈리아 남부 쪽에서 발달해 있어요. 카포나타는 시칠리아 사투리라고 해요. 시칠리아에서는 가지를 주재료로 카포나타를 만들어요. 우리나라 된장찌개가 집집마다 조금씩 다르듯 시칠리아 안에서도 도시마다, 집집마다 조금씩 다른 카포나타를 선보여요. 어느 집에선 케이퍼와 호두를, 누구네는 셀러리를 넣는 식으로요. 우리가 밑반찬 해두고 먹듯이 빵에 곁들여 먹는 상비 반찬이라고 할 수 있어요.

READY   가지 800g, 홍피망 500g, 양파 150g, 셀러리 100g, 방울토마토 15개, 바질잎 4장
올리브(씨 뺀 것) 100g, 건포도·케이퍼 2큰술씩, 올리브 오일 적당량, 소금 약간
소스 화이트 와인 비니거 50ml, 설탕 1큰술

COOKING   1   모든 채소는 깨끗이 씻는다. 가지는 취향에 따라 껍질을 벗겨
어슷썰기하고, 홍피망과 양파, 셀러리는 비슷한 크기로 깍둑썰
기한다. 방울토마토는 꼭지만 따고, 바질잎은 채 썬다.

2   넓은 팬을 달군 후 올리브 오일을 두르고 양파와 셀러리를 볶
은 후 바질잎, 방울토마토를 넣고 뚜껑을 덮어 8분 정도 익힌다.
주걱으로 눌러 토마토가 으깨질 정도가 되면 소금으로 간을 한
다음 올리브와 건포도, 케이퍼를 넣는다.

3   다른 팬에 기름을 넉넉히 넣고 피망을 익혀 꺼낸 후 가지를 넣
어 노르스름하게 될 때까지 튀기듯 볶는다. 피망과 가지는 종이
타월 위에 올려 기름기를 뺀다.

4   작은 볼에 화이트 와인 비니거와 설탕을 넣고 잘 젓는다.

5   ②에 ④의 소스를 뿌려 33분 정도 조린다.

6   ⑤에 익혀둔 피망과 가지를 넣고 잘 섞은 후 유리병에 담아 하
루 정도 숙성했다가 먹는다.

해산물 샐러드

레몬즙과 올리브 오일로 재운
해산물 샐러드

Insalata allo Scoglio

스콜리오(scoglio)는 '바위'라는 뜻이에요. 바위 근처에 사는 어패류로 만든 해산물 요리에 이 이름을 붙이지요. 예를 들어 해산물 스파게티는 스파게티 알로 스콜리오(Spaghetti allo Scoglio)라고 해요. 바닷가 마을 레스토랑에 흔한 해산물 샐러드는 올리브 오일과 레몬즙으로 매리네이드해 차게 먹는 샐러드랍니다.

READY 모시조개 20개, 홍합 10개, 새우 10마리, 오징어 1마리, 게맛살 4쪽
마늘 2쪽, 방울토마토 10개, 셀러리 1/2대, 루콜라 20g, 어린잎 채소 적당량, 레몬 1개
엑스트라 버진 올리브 오일 적당량, 화이트 와인 1컵, 소금·후춧가루 약간씩

COOKING 1 모시조개는 반나절 해감해 씻고 홍합, 새우, 오징어도 깨끗이
씻어 물기를 빼둔다. 오징어는 몸통 부분에 격자로 칼집을 내고,
게맛살은 먹기 좋은 크기로 썬다.

2 마늘은 편으로 썰고, 방울토마토는 반으로 가른다. 셀러리는 송
송 썰고, 루콜라와 어린잎 채소는 씻어서 물기를 턴다.

3 달군 팬에 올리브 오일을 두르고 ②의 마늘을 넣어 향이 나게
볶다가 모시조개와 홍합을 넣고 익힌다. 조개의 입이 벌어지기
시작하면 화이트 와인을 붓고 입이 완전히 벌어질 때까지 익힌다.

4 ③에서 조개 육수를 따로 걸러 보관하고, 홍합과 모시조개는 살
만 발라 밀폐 용기에 담는다.

5 끓는 물에 레몬 1/2개를 넣고 새우와 오징어를 살짝 데친다.

6 데친 새우와 오징어를 ④의 밀폐 용기에 담고, 올리브 오일을 반
정도 잠기도록 붓는다. 레몬 1/2개를 슬라이스해 넣고 소금, 후
춧가루로 간해 냉장고에서 30분 이상 재워둔다.

7 ⑥에 ②의 방울토마토와 셀러리를 넣고 살짝 버무린다.

8 접시에 루콜라와 어린잎 채소를 담고, ⑦을 올려 낸다.

회덮밥으로 먹어도 좋은
참치 세비체

Ceviche al Tonno con Yogurt Lime

세비체는 페루의 전통 생선 요리인데, 요즘은 유럽이나 일본에서도 많이 먹어요. 본래 광어나 도미 등 흰살생선을 주로 쓰지만 사실 회를 떠와야 해서 가격도 부담되고 번거롭기도 했어요. 그런데 지난가을 이탈리아에서 참치로 세비체를 한 것을 먹어보고 네모지게 잘라 파는 참치회를 이용해 만들어봤어요. 간편하게 세비체를 즐길 수 있어 아주 좋더라고요. 새콤한 맛이 강해 입맛 없을 때 추천해요.

READY 참치회 8쪽, 아보카도 1/3개, 주키니 1/2개, 라임 1개
현미유 120ml, 소금·후춧가루 약간씩, 케이퍼·핑크 페퍼·딜 약간씩
드레싱 플레인 요구르트 2큰술, 라임즙 1큰술, 멜론 30g

COOKING

1 라임은 깨끗이 씻어 과육은 즙을 짜서 따로 두고, 껍질은 얇게 갈아 제스트를 만들어 현미유에 담가 하룻밤 재워 라임 오일을 만든다.

2 작은 볼에 요구르트와 라임즙 1큰술을 넣고 잘 섞는다. 멜론의 즙을 내어 넣고 함께 섞는다.

3 참치회에 ①의 라임 오일 1큰술을 두르고 라임즙을 골고루 뿌려 재워둔다.

4 아보카도는 사방 1cm 내외로 깍둑썰기해 바로 소금물에 담갔다가 건지고, 주키니는 필로로 얇게 켜서 돌돌 만다. 참치회는 2×1cm 크기로 깍둑썰기한다.

5 그릇에 참치회와 아보카도를 흩뿌리듯 올린 후 주키니를 모양 내 놓는다.

6 소금, 후춧가루를 뿌리고, 라임 요구르트 드레싱을 조금씩 덜어 뿌린 후 케이퍼와 핑크 페퍼, 딜을 뿌려 낸다.

HARRY'S TIP 참치와 아보카도가 생각보다 참 잘 어울려요. 라임 오일 만드는 과정이 번거롭다면 라임즙만 넣어도 되지만 대신 이때는 참치의 색깔이 좀 변해요.

김밥처럼 돌돌
로비올라 치즈 롤

Rotolini Piccanti alla Robiola

이탈리아 친구들이 우리나라 김밥을 보면 예쁘다며 참 좋아해요. 이
탈리아에는 밥을 넣고 싸는 롤은 없지만 롤 요리가 제법 있어요. 밀가루 반죽이나 달
걀을 지단처럼 부쳐 채소를 넣고 돌돌 말아 삶거나 오븐에 굽죠. 롤을 만드는 밀가루
반죽을 크레페라고 불러요. 이 크레페는 디저트용이 아니라서 소금으로 간해요.

READY

밀가루 60g, 우유 125ml, 달걀 1개, 소금 약간, 버터 적당량, 토마토 1/2개
소 로비올라 치즈(또는 크림치즈) 350g, 살라미 피칸테(매운맛) 8장
루콜라(또는 비타민) 100g, 바질 페스토 1큰술

COOKING

1 볼에 밀가루, 우유, 달걀, 소금을 넣고 잘 섞은 후 믹서에 갈아
   냉장고에 둔다.

2 토마토는 둥근 모양을 살려 얇게 슬라이스한다. 루콜라는 씻어
   서 물기를 거둔다.

3 달군 팬에 버터를 두르고 ①의 반죽 반을 올려 최대한 얇게 부
   친다. 나머지 반죽도 같은 방법으로 부쳐 크레페 2장을 만든다.

4 ③의 크레페 각 장에 루콜라→치즈→살라미를 번갈아 올리고
   바질 페스토 1/2큰술을 얹어 돌돌 만 후 종이 포일로 감싸 잠시
   냉장고에 둔다.

5 ④를 꺼내 동그란 모양을 살려 3~4cm 너비로 자른다.

6 토마토를 접시에 깐 후 롤을 올려 낸다.

HARRY'S TIP 로비올라 치즈는 크림치즈처럼 부드러운 질감의 양젖 치즈예요. 카망베
르 치즈나 브리 치즈로 대체해도 되고, 크림치즈를 넣어도 됩니다.

아이들도 좋아하는
리코타 치즈 딸기 샐러드

Insalata con Ricotta alla Fragola

이탈리아 사람들은 딸기를 그냥 먹기보다 케이크나 타르트에 넣어 먹어요. 아니면 25년 된 진하고 달콤한 발사믹을 뿌려 먹고요. '풀' 싫어하는 아이들에게 인기 좋은 샐러드예요. 다른 과일들과 섞어 만들어도 되지만 딸기에는 리코타 치즈가 제일 잘 어울리는 것 같아요. 치즈로 칼슘도 보충되니 더 좋고요. 의외로 딸기의 칼로리가 낮아서 다이어트할 때도 추천합니다.

READY   리코타 치즈 300g, 딸기 200g, 자몽 1/4개(생략 가능), 엑스트라 버진 올리브 오일 1큰술, 소금·후춧가루 약간씩, 민트잎 3~4장, 발사믹 식초(25년산) 적당량
리코타 치즈 우유 1L, 생크림 500ml, 소금 20g, 설탕 15g, 식초 1큰술, 레몬즙 1개분

COOKING

1 냄비에 우유와 생크림을 담고, 소금과 설탕을 넣어 잘 섞은 후 약한 불에서 20분 정도 데운다.

2 ①에 얇은 막이 생기면 식초와 레몬즙을 넣은 후 젓지 말고 불을 더 약하게 줄인다.

3 20분 정도 지나 몽글몽글 뭉치기 시작하면 볼에 체를 올리고 면포를 깐 후 부어 거른다.

4 면포를 감싸듯 덮어 냉장고에서 3시간 이상 두었다가 체 아래로 떨어진 유청은 버리고 치즈는 밀폐 용기에 담아 냉장 보관한다.

5 올리브 오일에 소금과 후춧가루를 넣어 잘 섞는다.

6 딸기는 식초 넣은 물에 잠시 담갔다가 체에 걸러 꼭지를 떼고 모양을 살려 얇게 썬다. 자몽은 과육만 발라 깍둑썰기한다.

7 리코타 치즈를 숟가락으로 떠서 접시 위에 올리고 딸기와 자몽을 치즈에 기대듯이 올려 담는다.

8 민트잎을 군데군데 올리고 ⑤의 드레싱을 뿌린 후 발사믹 식초를 장식하듯 몇 방울씩 떨어뜨려 낸다.

HARRY'S TIP 리코타 치즈는 생각보다 만들기가 쉬우니 꼭 시도해보세요. 마치 리코타 치즈가 주인 양 듬뿍 담고 딸기를 장식하듯 올려주세요.

PART 3

따뜻한 샐러드

Insalata Calda

그린 페스토
콜리플라워 스테이크

Bistecca al Cavolo Bianco

콜리플라워는 송이송이 잘라 볶아도 좋지만 '나무' 모양을 살려 납작하게 잘라 구우면 접시 위에 그림이 펼쳐집니다. 스테이크와 견줄 만한 메인 요리로도 손색없어요. 토스카나 지방보다 위쪽에 위치한 로마냐 지방에서 콜리플라워가 많이 나는데, 이 지방은 예로부터 건강한 식자재로 유명한 곳이에요. 그것을 증명이라도 하듯이 콜리플라워에는 식이성섬유도 풍부하고 비타민 C, 비타민 K, 칼륨 등 몸에 좋은 성분도 많이 들어 있어요.

READY 콜리플라워 1송이(200g), 펜넬 1/2개, 버터 10g, 소금 약간
그린 페스토 바질·시금치 50g씩, 레몬즙 1/2개분, 호두·루콜라 30g씩, 마늘 1쪽
엑스트라 버진 올리브 오일 3큰술, 이탤리언 파슬리·소금 약간씩

COOKING

1 콜리플라워는 송이 전체의 나무 모양 살려 1~1.5cm 두께로 자르고, 펜넬은 결대로 도톰하게 슬라이스한다.

2 팬에 버터를 넣고 녹인 후 ①의 콜리플라워를 올리고 소금을 뿌려 중간 불에서 앞뒤로 굽는다. 펜넬도 올려 함께 굽는다.

3 믹서에 레몬을 제외한 그린 페스토 재료들을 모두 넣고 갈아 볼에 담은 후 레몬즙을 짜 넣고 섞는다.

4 접시에 ②의 콜리플라워와 펜넬을 펼쳐 담고 ③의 그린 페스토를 군데군데 동그랗게 떠올려 낸다.

HARRY'S TIP 콜리플라워는 뒤집을 때 부서지기 쉬우니 넓은 뒤집개를 쓰세요. 만일 부서졌다면 접시에 담을 때 겹쳐지게 담으면 돼요.

콜리플라워 치즈 파이

메인 디시 같은
콜리플라워 퓌레 버섯구이

Funghi al Forno con Cavolo Biano

채소를 익혀 물기 없이 갈면 퓌레, 채소 국물이나 육수를 넣고 갈면
채소 수프가 돼요. 콜리플라워는 도톰하게 잘라 구워도 맛있고, 수프나 퓌레로 만들
어도 맛이 마일드하고 고급스러워요. 콜리플라워 퓌레에 표고버섯을 올린 요리는 모
양만으로도 근사한 메인 디시 같아요.

READY   콜리플라워(작은 송이 부분) 2컵, 마늘 6쪽, 적양파 30g
표고버섯 6개, 생크림 2큰술, 엑스트라 버진 올리브 오일 적당량, 그뤼에르 치즈 3큰술
다진 이탈리언 파슬리·소금·후춧가루 약간씩

COOKING

1 콜리플라워는 물에 담가 흔들어 씻어놓는다. 마늘은 4쪽은 편
으로 썰고, 2쪽는 다진다.

2 적양파는 둥근 모양을 살려 1cm 두께로 도톰하게 슬라이스한다.

3 표고버섯은 기둥을 떼내고 젖은 종이 타월로 먼지를 닦는다. 표
고버섯 중 2개는 잘게 다진다.

4 냄비에 올리브 오일을 두르고 편으로 썬 마늘을 넣고 볶다가 향
이 나면 콜리플라워를 넣고 볶는다. 뚜껑을 덮고 약한 불에서
10분 정도 익힌다.

5 ④을 블렌더로 간 후 생크림, 파슬리, 소금, 후춧가루를 넣고 걸
쭉하게 농도가 나도록 끓인다.

6 달군 팬에 올리브 오일을 두르고 ②의 적양파를 올려 앞뒤로 노
릇하게 굽는다.

7 팬에 올리브 오일을 두르고 ①의 다진 마늘과 ③의 다진 표고버
섯을 넣어 살짝 볶는다.

8 표고버섯을 오목하게 뒤집어 ⑦로 속을 채우고, 위에 그뤼에르
치즈를 뿌려 180℃로 예열한 오븐에서 5분간 굽는다.

9 접시에 ⑤의 콜리플라워 퓌레를 놓고 ⑥의 적양파 구운 것을
놓은 다음 ⑧의 구운 버섯을 올려 낸다.

모둠 버섯 샐러드

Insalata di Funghi Misti

가을에 토스카나 지방을 가면 포르치니 버섯 향이 물씬 풍겨요. 저는 버섯을 가장 맛있게 먹는 방법은 구워서 올리브 오일을 뿌려 먹는 거라 생각해요. 쉽게 구할 수 있는 버섯을 볶아서 갖은 채소를 올리는 것만으로 푸짐한 샐러드가 완성돼요. 탄수화물을 줄여야 한다면 모둠 버섯 샐러드로 가볍고 든든하게 식사해보세요.

READY 어린잎 채소 60g, 바질 약간, 양송이 3개, 표고버섯(또는 새송이버섯) 1개
느타리버섯 80g, 파르메산 치즈(덩어리) 20g, 엑스트라 버진 올리브 오일 2큰술
발사믹 식초 1큰술, 소금·후춧가루 약간씩

COOKING 1 어린잎 채소는 씻어 체에 밭친다. 바질은 채 썬다.

2 ①의 어린잎 채소를 볼에 담은 후 올리브 오일로 버무리고 소금, 후춧가루로 간한 다음 바질을 넣는다.

3 양송이와 표고버섯은 기둥을 떼고 젖은 종이 타월로 먼지를 닦은 후 슬라이스한다. 느타리버섯은 밑동을 자른 후 손으로 대강 찢는다.

4 팬을 센 불에 달궈 준비한 버섯을 올려 볶는다. 숨이 죽으면 소금, 후춧가루로 간한 후 한 번 뒤집어 다시 숨이 죽으면 올리브 오일과 발사믹 식초를 두른 후 바로 불을 끈다.

5 ②의 채소를 접시에 담고 ④의 버섯을 소담하게 담은 후 필러로 파르메산 치즈를 슬라이스해 올린다.

HARRY'S TIP 버섯은 센 불에 구워야 물기가 안 나와요. 기름 없이 익힌 후에 마지막에 올리브 오일을 두르세요.

사냥꾼의
당근볶음

Carote alla Cacciatora

카차토라(cacciatora)는 본래 사냥꾼이라는 뜻인데 토스카나 지역에서는 닭 요리에 카차토라라는 이름을 붙였어요. 사냥해서 바로 먹는 닭 요리처럼, 당근 카차토라는 시골 분위기의 요리라는 의미가 담겨 있어요. 당근을 동그랗게 썰어 마늘과 함께 뭉근하게 볶는데, 이렇게 볶으면 신기하게도 단맛이 올라와서 자꾸 먹게 됩니다.

READY   당근 1개, 마늘 2쪽, 엑스트라 버진 올리브 오일 1작은술
버터 10g, 이탈리언 파슬리·커민·오레가노 약간씩, 식용 꽃잎 2~3장(생략 가능)
소금·후춧가루 약간씩

COOKING   1 당근은 깨끗이 씻어 껍질째 동그란 모양을 살려 도톰하게 썬다. 마늘은 편으로 썰고, 파슬리는 다진다.

2 달군 냄비에 올리브 오일을 두르고 ①의 마늘을 볶다가 색이 노르스름해지면 당근을 넣고 볶다가 소금, 후춧가루로 간한다.

3 냄비 뚜껑을 닫고 20분 정도 약한 불에서 조리한다.

4 ③에 버터와 커민, 오레가노, ①의 파슬리를 넣고 10분 정도 저어가며 볶아 풍미를 입힌다.

5 그릇에 당근을 담고 식용 꽃잎으로 장식해 낸다.

HARRY'S TIP 당근뿐 아니라 주키니나 버섯 등도 같은 방법으로 요리하면 맛있어요.

곁들이기 좋은
당근 감자 오븐구이

Patate e Carote in Forno

당근과 감자는 베란다에 늘 있는 상비 재료이자 집밥 활용도에서 단연 일등인 채소죠. 한식으로 주로 해 먹다가 조금 지겨울 때 오븐에 구워보세요. 이렇게 쉬운 요리가 있을까 싶을 정도로 간단한 레시피인데 당근의 단맛과 감자의 고소한 맛이 올라와 맛있어요.

READY 감자 1kg, 당근 500g, 마늘 2쪽, 파르메산 치즈·페코리노 로마노 치즈 25g씩
로즈메리·타임·오레가노 약간씩, 엑스트라 버진 올리브 오일 1큰술, 화이트 와인 1/2컵
소금 1/2작은술, 후춧가루 약간

COOKING

1　감자와 당근은 껍질을 벗기고 손가락 모양으로 길쭉하게 자른다.

2　치즈는 모두 갈고, 허브는 모두 다진다.

3　큰 볼에 ①의 감자, 당근을 넣고 소금, 후춧가루로 간한다.

4　③에 허브 다진 것을 넣고 잘 섞는다.

5　오븐 팬에 올리브 오일 1/2큰술을 두르고 ④를 넣은 후 화이트 와인을 붓는다. 치즈 간 것을 뿌리고 올리브 오일 1/2큰술을 한 번 더 두른다.

6　190℃로 예열한 오븐에 20분 정도 익힌다. 익은 상태를 확인한 후 시간을 조절해 조리한다.

7　노르스름하게 익으면 꺼내어 접시에 담아낸다.

HARRY'S TIP 당근 감자 오븐구이에 크림을 넣고 굽기도 하는데 고기나 생선 요리에 곁들일 때는 소개한 레시피를 추천해요. 셀러리나 아스파라거스 등 계절 채소를 섞어 함께 구워도 좋아요.

부드러운 애호박 대신
주키니 오븐구이

Zucchini Ripieni

속을 채워 굽는 요리로 주키니를 빼놓을 수 없죠. 고기를 갈아 속을 채우는 게 일반적인데 참치나 새우를 넣기도 해요. 여기서는 참치로 만드는 법을 소개합니다. 주키니는 애호박보다 속이 알차고 쫄깃한 질감이 있어 샐러드, 파스타 등에 쓰기 좋아요. 집에 바질과 딜이 있다면 주키니를 채 썰어 볶다가 이 허브들을 넣고 소금, 후춧가루로 간을 해서 쇼트 파스타에 비벼보세요. 무척 맛있는 한 그릇 요리가 완성됩니다.

READY   주키니 2개, 양파 60g, 참치(캔) 150g, 안초비 10g, 엑스트라 버진 올리브 오일 2큰술
굳은 빵 40g, 우유 4큰술, 달걀 2개, 빵가루 60g, 잣 20g, 케이퍼 1큰술, 타임 1줄기
파르메산 치즈 가루 50g, 소금·후춧가루 약간씩

COOKING

1 깨끗이 씻은 주키니를 반으로 갈라 속을 오목하게 파내고 소금을 뿌린다.

2 양파는 다지고, 참치는 기름을 따라버린 다음 체에 밭친다.

3 ①에 물기가 생기면 종이 타월로 눌러 닦는다.

4 냄비에 올리브 오일을 두른 후 양파 다진 것을 넣고 볶다가 안초비를 넣는다.

5 굳은 빵을 우유에 적셨다가 꾹 짜서 볼에 담는다. 여기에 달걀, 빵가루, 잣, 케이퍼, 소금, 후춧가루를 넣고, ②의 참치와 타임, ④의 양파와 안초비를 넣은 다음 블렌더로 간다.

6 속을 반으로 가른 주키니에 ⑤를 예쁘게 담고 위에 파르메산 치즈 가루를 뿌린다.

7 250℃로 예열한 오븐에서 12분 정도 구워낸다.

HARRY'S TIP 주키니는 수분이 많아서 속을 파낸 부분에 소금을 뿌려 물기를 빼야 구웠을 때 소스가 싱거워지는 등의 영향을 주지 않아요.

피자 소스에 빠진
바질 가지구이

Melanzane alla Pizzaiola

작년 가을, 시칠리아의 팔레르모에서 조금 떨어진 작은 도시에서 토마토소스 파스타를 맛본 날 일행은 모두 탄성을 질렀어요. 흔하디흔한 토마토소스 파스타인지라 특별한 노하우가 있을 것 같지 않았는데 너무나 맛있더라고요. 토마토소스의 매력이죠. 토마토소스에 바질과 오레가노를 넣은 것을 피자이올로라고 부르는데, 피자에 바르는 소스가 바로 그거예요. 토마토소스만 있으면 아주 간단히 요리를 완성할 수 있답니다.

READY   가지 3개, 홀 토마토(캔) 300g, 엑스트라 버진 올리브 오일 4큰술
바질잎 8장, 모짜렐라 치즈 150g, 파르메산 치즈 가루 80g, 케이퍼 1큰술
오레가노·소금·후춧가루 약간씩

COOKING

1   홀 토마토는 으깨서 꼭지 부분을 빼낸다. 냄비에 올리브 오일을 두르고 바질을 약간 넣어 향을 낸 다음 홀 토마토의 소스를 붓고 뚜껑을 닫아 약한 불에서 조리한다.

2   가지는 동그란 모양을 살려 도톰하게 자른 후 바로 그릴에 구워낸다.

3   주물 팬에 ①의 토마토소스를 살짝 두르고 구운 가지→바질잎→가지 순으로 가지런히 쌓은 다음 맨 위에 모짜렐라 치즈를 올린다.

4   ③에 토마토소스를 한 번 더 두르고 케이퍼, 오레가노, 소금, 후춧가루를 넣은 후 마지막에 파르메산 치즈 가루를 뿌린다.

5   ④를 중간 불에 올려 소스가 끓기 시작하면 약한 불로 줄여 모짜렐라 치즈가 녹도록 20분 정도 가열한다.

6   250℃로 예열한 오븐에 치즈가 노릇해지도록 5분 정도 조리한다. 오븐이 없으면 토치를 이용해 그릴링한다.

HARRY'S TIP   가지는 잘라서 바로 구워야 갈변하지 않아요. 아니면 소금물에 담갔다가 쓰세요. 홀 토마토 대신 방울토마토를 쓴다면 으깨서 꼭지를 빼내는 과정 없이 끓이면 돼요.

HARRY'S TIP 가지는 기름을 잘 먹어서 높은
온도로 튀겨내야 해요. 온도가 낮으면 기름을
먹어서 눅눅해지거든요. 돼지고기는 안심으로
하면 담백해서 좋고, 기름기가 있는 것을 선호할
경우 앞다리살이나 목살을 쓰면 좋아요.

가지돼지고기 샐러드 피셰

멘보샤와 비슷한
가지 카로차

Melanzane in Carrozza

카로차는 우리가 아는 멘보샤와 비슷한 시칠리아의 애피타이저예요. 카로차는 식빵 사이에 모짜렐라 치즈와 안초비를 넣고 튀겨내는, 오랜 전통의 길거리 음식이지요. 식빵 대신 가지를 쓰고 사이에 고기나 새우를 샌드해 튀겨냅니다. 소스를 곁들인다면 매콤한 토마토소스가 어울려요.

READY 가지 1개, 소금 약간, 돼지 안심(간 것) 1컵, 베이컨 30g, 양파 20g
셀러리·이탈리언 파슬리 약간씩, 루콜라 한 줌, 바질 4장, 파르메산 치즈 가루 2큰술
달걀노른자 1개, 생크림 1큰술, 밀가루 1컵, 빵가루 2컵, 달걀 2개, 튀김용 기름 적당량

COOKING

1 가지는 도톰하게 어슷썰기해 소금을 뿌려두었다가 물기가 생기면 종이 타월로 닦는다.

2 베이컨은 잘게 썰고, 양파와 셀러리, 파슬리는 다진다. 루콜라는 씻어두고 바질은 채 썬다.

3 볼에 돼지 안심을 넣고 루콜라를 제외한 ②의 재료들과 파르메산 치즈 가루, 달걀노른자를 넣어 손으로 치대듯이 반죽한다.

4 ③에 생크림을 넣고 주무르며 반죽한다.

5 밀가루와 빵가루는 각각 접시에 펼쳐 담아놓고, 달걀 2개는 볼에 풀어둔다.

6 ④의 반죽을 작은 덩어리로 잡아 동글동글하게 굴리다가 납작하게 누른 후 가지 사이사이에 끼운다.

7 ⑥을 밀가루→달걀물→빵가루 순으로 골고루 묻혀 180℃의 기름에 노릇하게 튀긴 다음 종이 타월 위에 올려 기름을 뺀다.

8 접시에 루콜라를 담고 ⑦을 올려 낸다.

채소로 속을 채운
가지 오븐구이

Melanzane Ripieni

이탈리아 요리 중에 채소에 소를 채워 굽는 종류가 많아요. 그중 가지 구이는 따뜻한 애피타이저 중에 최고의 인기 메뉴지요. 그리스에서는 간 고기로 채워 굽기도 하는데 이탈리아에서는 고기보다 채소를 주로 넣어요. 저는 피망과 토마토를 넣었는데 좋아하는 채소로 바꿔도 돼요.

READY 가지 4개, 홍피망 2개, 토마토·홍고추 1개씩, 마늘 1쪽, 다진 이탤리언 파슬리 1작은술
굳은 빵 50g, 파르메산 치즈 가루 5큰술, 올리브 오일 적당량, 소금·후춧가루 약간씩

COOKING

1 오븐은 200℃로 예열하고, 가지는 필러로 반쪽만 껍질을 벗겨 올리브 오일을 바른 후 소금을 뿌린다. 예열한 오븐에 가지를 15분간 굽는다.

2 홍피망은 반을 갈라 꼭지를 떼고 씨와 흰 부분을 잘라낸 후 큼직하게 썰어 다진다.

3 토마토는 반으로 갈라 씨를 빼서 잘게 다지고, 홍고추는 송송 썬다.

4 마늘은 편으로 썰어 다지고, 파슬리도 다진다. 굳은 빵은 대충 부숴 다진다.

5 볼에 다진 채소들과 다진 빵을 넣고 소금, 후춧가루를 뿌려 조물조물 섞는다.

6 ⑤에 파르메산 치즈 가루를 3큰술 넣고 잘 비빈다.

7 오븐에서 구운 가지를 꺼내 반으로 길게 칼집을 낸 후 양쪽으로 벌린다.

8 벌려놓은 가지 가운데 홈에 ⑥의 소를 넣고 꾹꾹 눌러 담는다.

9 오븐 팬에 종이 포일을 깐 다음 ⑧의 가지를 놓고 올리브 오일을 적당히 뿌린다. 파르메산 치즈 가루 2큰술을 고루 뿌린 후 200℃로 예열한 오븐에 넣고 20분간 구워낸다.

HARRY'S TIP 오븐보다 시간은 더 걸리지만 프라이팬에 구워도 돼요. 중간 불로 달군 팬에 올려 노릇하게 될 때까지 구워주세요. 뚜껑은 닫지 않고요.

이탈리아 전국에서 먹는
시금치 모짜렐라 구이

Spinaci e Mozzarella in Padella

이탈리아는 상하로 긴 나라여서 지역마다 나는 재료가 달라 로컬 음식이 잘 발달되어 있어요. 그래서 각 지역 친구들이 모여 음식 이야기를 하면 '티키타카'가 벌어지곤 해요. 저마다 자기 지역 음식이 최고인 거죠. 하지만 시금치와 모짜렐라 치즈는 이탈리아 북쪽부터 남쪽 섬 시칠리아까지 어디에서나 나는 재료예요. 이 흔한 재료 두 가지가 만나면 근사한 와인 안주가 탄생합니다.

READY 시금치 150g, 프레시 모짜렐라 치즈 250g, 마늘 2쪽, 페페론치노 2개
엑스트라 버진 올리브 오일 1큰술, 소금 약간

COOKING

1 시금치는 씻어 물기를 빼고, 모짜렐라 치즈는 대강 잘라놓는다. 마늘은 편으로 썬다.

2 냄비를 달군 후 올리브 오일을 두르고 ①의 마늘을 넣어 향을 낸다. 이어서 시금치를 넣고 센 불에서 살짝 숨을 죽인 다음 소금과 페페론치노를 넣고 볶는다.

3 볶은 시금치를 살짝 짜거나 체에 밭쳐 물기를 뺀다.

4 오븐용 그릇에 올리브 오일을 두르고 ③의 시금치를 두 덩이로 나눠 담은 후 모짜렐라 치즈를 소복이 올려 180℃로 예열한 오븐에서 15분 정도 굽는다.

5 모짜렐라 치즈가 녹고 윗부분이 노릇하게 되면 꺼내어 상에 낸다.

HARRY'S TIP 오븐 대신 냄비에서 조리해도 돼요. 냄비에서 시금치를 볶아 물기를 짠 후 모짜렐라 치즈를 얹어 뚜껑을 덮고 녹을 때까지 약한 불로 가열해 완성하세요.

차게 먹어도 맛있는
시금치 리코타 토르타

Torta Salata di Spinaci e Ricotta

파이, 케이크라는 뜻의 토르타는 영어로는 타르트입니다. 시금치 리코타 토르타는 전통적인 레시피이자 토르타 중에서 제가 가장 좋아하는 종류예요. 시금치와 리코타 치즈가 정말 잘 어울리거든요. 시금치와 리코타는 라비올리 소로도 애용해요. 인정받은 재료의 매칭이지요. 시금치 리코타 토르타는 차게 먹어도 맛있어서 피크닉 메뉴로도 추천합니다.

READY 밀가루 180g, 버터 100g, 달걀 2개, 달걀노른자 1개분
파르메산 치즈 가루 1큰술, 소금·후춧가루 약간씩
소 시금치 400g, 리코타 치즈 300g, 달걀 1개, 파르메산 치즈 가루 60g
소금·후춧가루 약간씩

COOKING

1 버터는 실온에 두었다가 깍둑썰기한다.

2 밀가루를 반죽 판에 부은 후 가운데 홈을 파서 ①의 버터와 달걀 1개, 달걀노른자를 넣고 손으로 조물조물 반죽한다.

3 시금치는 씻어서 스테인리스 냄비에 담고 뚜껑을 닫은 채로 중간 불에서 2분 정도 조리해 숨을 죽인다. 한 김 날린 후 물기를 꼭 짜서 송송 썬다.

4 볼에 ③의 시금치와 나머지 소 재료를 넣고 잘 섞는다.

5 종이 포일을 깔고 ②의 반죽을 올린 후 다시 종이 포일을 덮어 밀대로 두께가 0.5cm 이하가 되도록 민다.

6 오븐 팬에 ⑤의 반죽을 펴고 포크로 군데군데 찌른 후 ④의 소를 고르게 펴놓는다.

7 볼에 달걀 1개를 풀고, 파르메산 치즈 가루 1큰술과 소금, 후춧가루를 넣어 거품기로 푼다.

8 ⑦의 달걀물을 ⑥의 오븐 팬 위에 전체적으로 붓는다. 190℃로 예열한 오븐에서 윗부분이 노르스름해지도록 25분 정도 구워낸다.

HARRY'S TIP 반죽을 포크로 찔러주면 구울 때 부풀어 오르는 것을 방지할 수 있어요. 토르타 반죽은 버터가 들어 있고 촉촉해서 덧밀가루를 뿌려 반죽을 밀고 털어내는 것보다 종이 포일을 활용하는 게 수월해요.

바냐 카우다
채소구이

바냐 카우다는 '뜨겁게 중탕하다'라는 뜻을 지닌 이탈리아 북부 피에몬테주의 요리예요. 마늘을 여러 번 삶아내 매운맛을 빼고, 안초비를 넣어서 뭉근하게 끓여 만드는 소스로, 이 지역의 농부들이 와인 만들기가 끝날 무렵 '강렬한' 바냐 카우다 소스를 먹으며 몸에 밴 와인 냄새를 털어냈다고 해요. 그런데 이 소스를 맛보면 레드 와인 생각이 절로 나는 것은 왜일까요? 전통적으로는 각종 채소를 이 소스에 찍어 먹는데 요즘은 구운 피망이나 가지 위에 뿌려 먹곤 해요.

READY   주황·빨강 파프리카 1개씩, 마늘 30개, 엑스트라 버진 올리브 오일 3컵
안초비 3g(12마리)

COOKING

1   파프리카는 토치나 가스 불에 까맣게 태우고 비닐 봉지에 넣어 잔열로 더 익힌 후 물로 씻어 껍질을 벗긴다.

2   마늘은 끓는 물에 5분 정도 익히다가 건져내고, 다시 물을 끓여 5분간 넣었다 건지기를 6~7회 정도 반복한다. 이때 물은 매번 갈아 다시 끓인다.

3   주물 팬이나 스테인리스 팬에 올리브 오일 1컵을 넣고 ②의 마늘을 모두 넣은 후 나무 주걱으로 저어가며 약한 불로 조리한다.

4   안초비를 물로 깨끗이 씻어 ③에 넣고 저어가며 조리다가 나머지 올리브 오일을 모두 넣고 약한 불로 조리한다. ③의 마늘 조리 시작부터 완성까지 1시간 정도 걸린다.

5   ④를 포크로 눌러 으깬다. 믹서에 갈아 곱게 먹기도 한다.

6   ①의 파프리카 위에 ⑤의 소스를 끼얹어 낸다.

HARRY'S TIP   마늘이 갈색이 되지 않도록 약한 불로 조리하는 것이 포인트예요. 만드는 데 손이 많이 가서 한 번에 많이 만들어두고 먹는 소스지요. 피망뿐 아니라 주키니 등 각종 채소를 그릴에 구워 곁들여보세요.

PART 4

브런치 메뉴

le Brunch

산뜻한 노랑 빛깔
레몬 소스 관자 요리

Scallope alla Salsa di Limone

유럽에서 생선과 과일 소스를 매칭한 음식을 볼 때마다 매번 의아했어요. 그런데 맛을 보면 뭔가 예상치 못한 참신한 상큼함에 놀라곤 했지요. 이 요리는 보통 가리비로 만드는데 관자를 쓰면 훨씬 수월해요. 상큼한 레몬 소스가 봄처럼 산뜻한 요리랍니다.

READY 관자 2개, 아스파라거스 2줄기, 레몬 1개, 버터 40g, 밀가루 1큰술, 레몬즙 50ml
소금·후춧가루 약간씩

COOKING

1 관자는 흐르는 물에 씻어 종이 타월로 물기를 거두고 소금, 후 춧가루를 뿌린다.

2 아스파라거스는 필러로 껍질을 벗긴다. 레몬은 씻어서 껍질은 얇게 벗겨 제스트를 만들고, 과육은 흰 부분을 잘라둔다.

3 냄비에 버터를 두른 후 밀가루를 넣어 거품기로 잘 저어 풀처럼 농도가 나면 레몬즙을 짜 넣고 약한 불에서 5분 정도 조리한다.

4 ③의 냄비에 ②의 아스파라거스와 레몬 과육을 넣고 익힌다.

5 ④에 밑간해둔 ①의 관자를 넣고 앞뒤로 살짝 굽는다. 조리 시 간을 1분 미만으로 한다.

6 ⑤에 레몬 제스트를 넣고 불을 끈 후 그릇에 담아낸다.

HARRY'S TIP 냉동 관자를 사용한다면 하룻밤 전에 냉장고에서 해동하세요. 해산물은 물에 넣거나 전자레인지에 돌리면 골고루 녹지 않거나 수분이 빠져나가 좋지 않아요.

청포도를 감싼
가자미 요리

Sogliola al Uva con la Salsa Limone

오리고기와 오렌지, 돼지고기와 파인애플이 어울리듯이 흰살생선과 포도의 조합이 매력적이에요. 포도알에 부드러운 가자미 살을 말아 한 입에 쏙쏙 먹기도 편하고, 담백하면서 고소한 생선살과 달콤한 포도, 새콤한 레몬의 어울림이 상큼합니다. 예상하셨겠지만 화이트 와인에 곁들이면 최고예요.

READY　가자미 1마리, 청포도 10알, 레몬 1/2개, 엑스트라 버진 올리브 오일 약간, 버터 20g
화이트 와인 1/2컵, 다진 이탤리언 파슬리·소금·후춧가루 약간씩

COOKING
1 가자미는 포를 떠서 포도알을 놓고 돌돌 말아 이쑤시개를 꽂아 고정한 후 소금, 후춧가루를 뿌린다. 남은 포도알은 동그란 모양을 살려 슬라이스한다.

2 달군 팬에 올리브 오일을 두른 후 버터를 넣고 약한 불로 녹인다.

3 ②에 ①의 가자미 롤을 올려 굽는다. 한쪽 면이 익으면 화이트 와인을 붓고 뒤집은 후 센 불로 알코올을 날리면서 굽는다. 여기에 슬라이스한 포도를 넣고 섞는다.

4 ③에 레몬즙을 짜 넣고 약한 불로 은근하게 조린 후 접시에 담고 파슬리를 뿌려 낸다.

HARRY'S TIP 가자미는 포를 얇게 떠야 잘 말려요.
포가 조금 도톰하다면 말아서 이쑤시개를 꽂지 말고
랩으로 전체를 씌워 모양을 잡았다가 쓰세요.

91

오늘의 테이블 레시피

아주 부드러운
문어 감자 요리

Polpo e Patate in Padella

우리나라 문어숙회는 쫄깃함이 매력인데 이탈리아 문어 요리는 무척 부드러워요. 유럽 문어는 다리 한 짝만으로 한 접시가 나올 만큼 무척 커요. 우리나라 돌문어로 해도 맛이 진해서 좋습니다. 레시피 그대로 따라 해보세요. 문어 요리만큼은 자신 있게 만들 수 있을 거예요.

READY
문어 1마리(1.5kg), 굵은소금 약간, 월계수잎 2장, 감자 2개, 방울토마토 15개
셀러리 200g, 레몬·오렌지·라임 1개씩, 엑스트라 버진 올리브 오일 100ml
소금·후춧가루·파프리카 가루 약간씩

COOKING

1 문어는 내장과 눈을 제거하고 깨끗이 씻는다.

2 냄비에 물을 가득 넣고 굵은소금과 월계수잎을 넣어 끓인다. 물이 팔팔 끓으면 ①의 문어를 넣고 중간 불로 30분 정도 삶은 후 냄비에 담긴 채로 30분 정도 식힌다.

3 감자는 껍질을 벗기고 2cm 두께로 둥근 모양을 살려 썬 다음 부채꼴 모양으로 4등분한다. 달군 팬에 올리브 오일을 둘러 감자를 넣고 익힌다.

4 방울토마토는 4등분해 반달 모양으로 썰고, 셀러리는 송송 썰어 모두 볼에 담는다.

5 레몬, 오렌지, 라임은 껍질을 얇게 깎아 제스트를 만든 후 ④의 볼에 담는다. 즙은 따로 짜서 유리병에 모은다.

6 ⑤의 과일즙이 든 병에 소금, 후춧가루 약간씩과 올리브 오일을 넣고 흔들어 섞는다.

7 식힌 문어는 엄지손가락 크기로 잘라 ⑤의 볼에 담는다. ⑥의 소스 절반을 부어 잘 섞어가며 맛을 보면서 소스의 양을 조절해 추가해 넣는다.

8 ⑦을 ③의 팬에 담고 소스를 넉넉히 뿌린 후 약한 불에 올린다. 바글바글 끓어오르면 불을 끄고 파프리카 가루를 뿌려 낸다.

쇠고기와 세이지의 만남
살팀보카

Saltimbocca

살타레(saltare)는 이탈리아어로 '뛰다'라는 뜻이에요. 팬을 높이 올렸다 내렸다를 반복하면서 재료를 던지듯이 볶는 요리를 '살타타'라고 하지요. 보카(bocca)는 '입'이라는 뜻이에요. 즉 살팀보카는 '입속으로 쏙쏙 뛰어들어간다'는 듯이니 얼마나 맛있을지 상상이 가지요? 살팀보카는 얇은 쇠고기 살에 세이지 허브를 얹어 구운 로마의 정통 고기 요리예요. 한 입에 쏙 들어가는 이 음식은 맛도 담백하고 부드러워 입속으로 끝없이 들어간답니다.

READY 우둔살(얇게 저민 것) 4장, 프로슈토 2장, 세이지잎 4장, 감자 1개, 마늘 2쪽
로즈메리 1줄기, 버터·엑스트라 버진 올리브 오일 약간씩, 화이트 와인 1/2컵
밀가루·소금·후춧가루 약간씩

COOKING

1 감자는 사방 1cm 크기로 너무 작지 않게 깍둑썰기한다. 마늘은 굵게 2~3등분한다.

2 달군 팬에 버터와 올리브 오일을 두르고 마늘을 넣어 향을 낸 후 감자를 넣고 으스러지지 않도록 조심스럽게 볶는다.

3 ②에 로즈메리를 넣고, 소금, 후춧가루로 간한 후 뚜껑을 덮고 중간에 한두 번 뒤집어가며 10분 정도 익힌다.

4 우둔살 저민 것에 프로슈토와 세이지를 올린 후 이쑤시개를 이용해 바늘로 꿰매듯 한 땀 떠서 고정한다.

5 ④에 앞뒤로 밀가루를 솔솔 뿌린 후 털어낸다.

6 달군 팬에 버터와 올리브 오일을 두르고 ⑤를 올려 중간 불로 익히다가 화이트 와인을 두른 후 뚜껑을 덮고 5분 정도 익힌다.

7 ⑥에 소금, 후춧가루를 뿌린 후 고기를 꺼내 접시에 담고 팬에 남은 소스를 뿌린다. ②의 감자를 곁들인다.

HARRY'S TIP 고기에 밀가루를 입히면 녹말기가 생겨 식감도 부드러워지고 소스의 농도를 내기도 좋아요. 우둔살은 정육점에서 육전용으로 잘라서 구입하면 되고요. 직접 자른다면 최대한 얇게 썰어 비닐을 덮고 고기 망치로 두들겨 쓰세요. 모양은 조금 덜하지만 불고깃감을 써도 괜찮아요.

마스카르포네 소스를 곁들인
주키니 스틱

Zucchini Fritti e Salsa Mascarpone

저는 본래 편식쟁이었어요. 매운 것도 못 먹고 가지, 버섯, 애호박도 아주 싫어하고 햄버거와 카레를 즐기는 사람이었죠. 그런데 유학 시절 어느 날 시험이 끝나고 기숙사 거실에서 영화를 보고 있는데, 수녀님이 선물이라며 길쭉한 튀김을 주시는 거예요. 오징어튀김 같지는 않은데 수녀님은 안 알려주시고 웃기만 하시고…. 한 입 베어 물고 고소함에 감탄했더니 "네가 싫어하는 주키니란다" 하시는 거예요. 주키니튀김 꼭 만들어보세요.

READY   주키니 500g, 우유 250ml, 밀가루 100g, 튀김용 기름 적당량, 소금·후춧가루 약간씩
소스 마스카르포네 치즈 250g, 고르곤졸라 치즈 80g, 다진 이탈리언 파슬리 약간

COOKING

1   주키니는 깨끗이 씻어 반으로 자른 후 다시 길이로 반을 갈라 손가락처럼 길쭉하고 도톰하게 자른 다음 종이 타월로 감싸둔다.

2   볼에 우유와 밀가루를 넣고 잘 섞은 후 소금, 후춧가루로 간해 튀김옷을 만든다.

3   주키니에 튀김옷을 입혀 180℃의 기름에 노르스름하게 튀긴 다음 종이 타월 위에 올린다. 바삭하게 먹으려면 식힌 후 한 번 더 튀긴다.

4   볼에 마스카르포네 치즈와 고르곤졸라 치즈를 넣고 휘핑기로 빠르게 저은 후 파슬리를 넣고 섞는다.

5   접시에 주키니를 담고 ④의 소스를 곁들여 낸다.

HARRY'S TIP 주키니를 자르면 물기가 나오기 때문에 종이 타월이나 면포로 감싸두는 거예요. 그래야 튀김옷도 잘 입고 바삭하게 튀겨져요.

이탈리아 할머니의 레시피

이탈리아 분식점 메뉴
올리브 튀김

Olive Fritte

이탈리아에는 타볼라 칼다(Tavola Calda)라고 하는 간이음식점이 있어요. '따뜻한 식탁'이라는 뜻인데, 오븐에서 갓 꺼낸 조각 피자, 워머에 넣어둔 감자 크로켓이나 아란치니 등을 팔아요. 우리의 분식점처럼 학교 앞에 주로 있지요. 유학 시절 여기서 피자를 사 먹곤 했는데 인심 좋은 주인이 올리브 튀김을 몇 개 집어주곤 했어요. 그땐 뭔지도 모르고 맛있다며 기분 좋게 먹었어요.

READY　쇠고기 150g, 돼지고기·닭가슴살 80g씩, 당근·셀러리·양파 1/2개씩, 그린 올리브 30개 엑스트라 버진 올리브 오일 적당량, 화이트 와인 50ml, 달걀 4개, 밀가루·빵가루 약간씩 파르메산 치즈 가루 1큰술, 너트메그·소금 약간씩, 튀김용 기름 적당량

COOKING

1　쇠고기, 돼지고기, 닭가슴살은 모두 다진다.

2　당근, 셀러리, 양파도 모두 다진다. 그린 올리브는 씨 뺀 것은 그대로 쓰고, 씨가 있으면 칼로 저며 씨를 뺀다.

3　냄비에 올리브 오일을 두르고 ②의 다진 채소를 넣어 볶는다. 채소가 숨이 죽으면 다진 고기를 모두 넣고 화이트 와인을 부은 후 센 불에서 알코올이 날아가도록 볶는다.

4　③을 모두 믹서에 담은 후 달걀 1개와 파르메산 치즈 가루, 너트메그를 넣고 곱게 간다.

5　볼에 달걀 3개를 푼다. 밀가루와 빵가루는 각각 접시에 담는다.

6　④의 반죽을 엄지손가락만 하게 떼어내 동그랗게 빚은 후 ②의 올리브를 반쯤 박아 도토리처럼 만든다.

7　⑥을 밀가루→달걀→빵가루 순으로 묻힌 후 170℃의 기름에서 튀겨 종이 타월 위에 올린다. 종이 포일을 꼬깔처럼 말아 담아낸다.

토마토소스
고등어조림

Sgombro con Pomodorinie Cipollotti

우리는 고등어를 조림이나 구이로 먹는데 이탈리아에서는 고등어에 토마토, 올리브, 대파를 함께 넣고 오븐에 구워요. 이렇게 조리한 지중해식 고등어구이는 와인과도 잘 어울리지요. 고등어 대신 삼치나 참치를 이용해도 돼요.

READY　순살 고등어 1마리, 블랙 올리브 12개, 방울토마토 15개, 대파 2대
마늘 2쪽, 토마토 페이스트 2큰술, 케이퍼 1큰술, 엑스트라 버진 올리브 오일 3큰술
다진 이탈리언 파슬리·소금·후춧가루 약간씩

COOKING

1　방울토마토는 반으로 가르고, 대파는 녹색 부분을 잘라내 어슷 썰기한다. 마늘은 편으로 썬다.

2　고등어는 흐르는 물에 씻어 종이 타월로 물기를 거둔다.

3　달군 냄비에 올리브 오일을 살짝 두르고 ①의 마늘과 대파를 넣어 향이 나게 볶다가 방울토마토를 넣고 볶는다.

4　③에 토마토 페이스트를 넣고 섞은 후 블랙 올리브와 케이퍼를 넣는다. 소금, 후춧가루로 간해 뚜껑을 덮고 5분 정도 조리한다.

5　②의 손질한 고등어를 ④의 냄비에 넣고 고등어 위로 올리브 오일 1큰술을 두른다.

6　뚜껑을 덮고 중간 불로 10분 정도 익힌 후 고등어를 뒤집어 소금과 올리브 오일 2큰술을 뿌린다.

7　뚜껑을 열고 약한 불로 7~8분 정도 조린 후 파슬리와 후춧가루를 뿌린 다음 불을 끈다.

8　오목한 그릇에 고등어를 담고 대파를 제외한 나머지 재료와 소스를 담아낸다.

HARRY'S TIP 고등어는 노르웨이산이 기름기가 많아
이 요리에 적당해요. 대파는 숨이 죽으면 보기 좋지 않으니
상에 낼 때는 빼는 게 좋습니다.

냄비에서 찐
문어 요리

Polpo al Tegame

테가메(tegame)는 전통 요리에 주로 쓰는 손잡이가 달린 토기예요. 여기에 고기나 해산물을 넣고 뚜껑을 덮어 2시간 정도 찌듯이 조리하면 부드럽게 완성되지요. 이렇게 저온에서 조리한 슬로 푸드는 영양 손실도 적고 뭉근히 끓여 재료의 깊은 맛이 우러나는 게 특징이에요. 집에 있는 무쇠 냄비나 스테인리스 냄비 등 두꺼운 조리 도구를 이용해도 좋아요.

READY 문어 1마리(1.5kg), 굵은소금 약간, 월계수잎 1~2장, 양파 2개, 마늘 3쪽
엑스트라 버진 올리브 오일 2큰술, 레드 와인 1/2컵, 토마토소스 500ml
다진 이탤리언 파슬리·소금·후춧가루 약간씩

COOKING 1 문어는 내장과 눈을 제거해 깨끗이 씻는다.

2 양파는 채 썰고, 마늘은 다진다.

3 냄비에 물을 가득 넣고 굵은소금과 월계수잎을 넣어 끓인다. 물이 팔팔 끓으면 ①의 문어를 넣고 중간 불로 맞춰 30분 정도 삶은 후 냄비에 담근 채로 30분 정도 식힌다.

4 ③의 문어를 꺼내 엄지손가락만 한 길이로 썬다.

5 냄비에 올리브 오일을 두르고 ②의 양파와 마늘을 넣어 향이 나도록 볶는다. ④의 문어를 넣고 레드 와인을 부어 센 불로 알코올을 날린 후 토마토소스를 넣는다. 중간 불로 10분, 약한 불로 30분 이상 끓인다.

6 익은 문어를 하나 먹어보고 부드럽지 않으면 올리브 오일을 한 번 더 두른 후 소금, 후춧가루로 간을 맞춘다. 약한 불로 20분 이상 조리해 부드럽게 익힌다.

7 접시에 담고 파슬리를 뿌려 낸다.

HARRY'S TIP 쇼트 파스타를 삶아 비벼 먹으면 한 끼 식사가 됩니다.

2~3분 만에 완성
마늘 소스 새우구이

Gamberi all'Aglio

　　　　　　새우는 다른 해산물보다 손질도 쉽고, 냉동 새우를 활용하면 요리하기도 간편해 요리 초보들에게 추천하는 재료예요. 또 새우는 싫어하는 사람이 드물 정도로 선호도가 높지요. 그래서인지 새우 요리는 정말 다양해요. 여기서는 마늘을 넣은 심플하고 개운한, 우리나라 사람들이 좋아할 만한 레시피를 소개합니다. 화이트 와인에 곁들이면 최고예요.

READY　　중새우 10마리, 마늘 5쪽, 쪽파 1줄기, 엑스트라 버진 올리브 오일 2큰술
　　　　　　화이트 와인 3큰술, 페페론치노 4개, 다진 이탤리언 파슬리 약간

COOKING　　1　중새우는 껍데기와 내장을 제거하고 흐르는 물에 씻는다.

　　　　　　2　마늘과 쪽파는 다진다.

　　　　　　3　달군 팬에 올리브 오일을 두르고 ②의 마늘, 쪽파를 넣은 후 불을 줄여서 볶는다. 이때 불 조절을 잘해 마늘이 타지 않도록 한다.

　　　　　　4　③의 팬에 새우를 넣고 센 불에 올린다. 화이트 와인을 둘러 알코올을 증발시킨 후 페페론치노를 넣는다.

　　　　　　5　④를 접시에 담고 이탤리언 파슬리를 뿌려 낸다.

HARRY'S TIP 모든 재료를 준비했다가 2~3분 안에 조리가 끝나는 쉽고 맛있는 요리예요. 새우를 오래 가열하면 질겨지기도 하고요. 중화요리와 비슷한 느낌이 나서 아시아 사람들 입맛에 잘 맞아요. 아이와 먹는다면 페페론치노를 생략하세요.

동남아 음식에서 힌트 얻은
조개 와인찜 냉채

Vongole in Tegame Freddo

동남아 음식을 먹어보고 응용한 레시피예요. 이탈리아 남쪽 지방에 가면 더운 여름날 해산물 요리를 차게 해서 먹어요. 고수와 커민 등의 향신료를 빼고 이탈리아식으로 차갑게 내보았어요.

READY　　바지락 1kg, 모시조개 200g, 마늘 4쪽, 올리브 오일 약간, 다진 양파 2큰술
　　　　　　페페론치노 2개, 화이트 와인 150ml, 다진 이탈리언 파슬리 약간
　　　　　　소스 다진 홍피망 1큰술, 엑스트라 버진 올리브 오일 3큰술, 화이트 와인 비니거 2큰술

COOKING　1　바지락과 모시조개는 반나절 정도 해감한 후 씻어서 체에 밭친다.

　　　　　　2　분량의 재료를 섞어 소스를 만든 다음 냉장고에 1시간 정도 둔다.

　　　　　　3　마늘은 편으로 썬다. 냄비에 올리브 오일을 두르고 마늘을 넣어 향이 충분히 나도록 약한 불에서 조리한다.

　　　　　　4　마늘이 노르스름해지면 다진 양파를 넣고 조금 볶다가 페페론치노를 넣는다.

　　　　　　5　④에 ①의 바자락과 모시조개를 넣어 볶는다. 바지락이 입을 벌리기 시작하면 화이트 와인을 넣고 10초 정도 후에 뚜껑을 덮어 3분 정도 중간 불에서 익힌다.

　　　　　　6　⑤에 ②의 소스를 부어 섞은 후 접시에 담고 파슬리를 뿌려 낸다.

HARRY'S TIP　소스를 오래 보관하고 싶으면 와인 비니거를 먹기 전에 넣어 섞으세요. 바지락만으로도 좋고, 홍합과 바지락을 섞는 것도 추천해요.

대파 크림소스를 곁들인
연어 스테이크

Salmone alla Salsa di Porri

북유럽 사람들은 거의 매일 연어 요리를 먹는다지만 저는 생연어는 맛있는데 구운 연어는 특유의 향 때문에 별로 좋아하지 않아요. 그래서 연어 스테이크는 소스가 정말 중요하더라고요. 대파 크림소스는 대파 향과 부드러운 크림소스의 질감이 연어의 향을 잡아주기 때문에 저는 이 연어 스테이크는 맛있게 먹는답니다.

READY 연어 2쪽(280g), 대파 3대, 올리브 오일 약간, 로즈메리 1줄기, 화이트 와인 1/2컵
버터 10g, 레몬 1/2개, 생크림 250ml, 다진 이탤리언 파슬리 약간, 소금·후춧가루 약간씩

COOKING 1 연어는 소금, 후춧가루를 뿌려 재워둔다. 대파는 송송 썬다.

2 달군 팬에 올리브 오일을 두르고 로즈메리를 넣어 향을 낸 후 건져낸다.

3 ②에 연어를 껍질 쪽부터 올려 적당히 구워지면 화이트 와인을 붓고 센 불로 올려 알코올을 증발시킨다. 연어가 팬에서 떨어지면 뒤집어 불을 줄이고 뚜껑을 덮어 5분 정도 익힌 후 꺼낸다.

4 ③의 팬에 버터를 넣고 녹여 ①의 대파를 볶다가 레몬의 즙을 짜 넣고 불을 줄인다.

5 ④에 생크림을 붓고 보글보글 끓기 시작하면 약한 불로 줄여 농도가 날 때까지 졸인 후 소금, 후춧가루로 간해 크림소스를 완성한다.

6 ③에서 꺼내두었던 연어를 살 부분이 팬에 닿도록 넣어 3분 정도 데운다.

7 접시에 연어를 담고 대파 크림소스를 얹은 후 파슬리를 뿌려 낸다.

HARRY'S TIP 연어는 오버 쿡 되면 식감이 뻣뻣해져요. 어느 정도 구우면 가운데를 눌러보아 말랑할 정도로만 익히세요. 화이트 와인을 붓고 불을 줄인 후 뚜껑을 닫는 이유도 촉촉한 질감을 내기 위해서예요.

PART 5

맥주&와인과 함께

Apertivo

이탈리아 셀러드 레시피

캐러멜라이즈드
양파 아페르티보

Cipolla Caramellata Apertivo

스페인의 대표 요리 타파스처럼 이탈리아에는 아페르티보가 있어요. 바에 가면 빵 위에 각종 절임을 올려 뷔페같이 차려놓은 모습을 볼 수 있지요. 남쪽 지방보다 북쪽 지방, 특히 밀라노에 가면 맛있는 아페르티보를 하는 바들이 많아요. 사람들은 바에서 아페르티보로 점심을 간단히 해결하기도 하고, 가벼운 저녁으로 즐기는 젊은이들도 많답니다. 정식 요리라고 하기엔 가벼운 메뉴지만 아페르티보가 맛있어서 늘 붐비는 바도 많아요.

READY 적양파 1kg, 엑스트라 버진 올리브 오일 약간, 설탕 2큰술, 흑식초 1큰술
소금·후춧가루 약간씩, 바게트 4조각, 페타 치즈 1큰술

COOKING 1 적양파는 껍질을 벗기고 채 썬다.

2 달군 냄비에 올리브 오일을 두르고 ①의 양파를 넣어 센 불에서 5분 정도 볶는다.

3 중간 불로 줄인 후 설탕, 식초, 소금, 후춧가루를 넣고 뚜껑을 닫아 10분 정도 조리한 후 약한 불로 줄여 중간중간 섞어가며 30분 정도 익힌다. 부드럽게 으깨지는 양파를 좋아한다면 20분 정도 더 볶는다.

4 바게트 위에 올리브 오일을 두르고 ③의 양파조림을 얹은 후 페타 치즈를 올려 낸다.

HARRY'S TIP 바게트 위에 라즈베리잼처럼 새콤한 맛이 나는 잼을 바르고 양파조림을 얹어 먹어보세요. 낯선 조합이지만 달콤한 양파와 잼이 의외로 잘 어울려요.

블랙 올리브 파테
크로스티니

Olive Nere Pate Crostini

파테는 재료를 갈아 바르거나 섞어서 쓰는 일종의 페스토를 말해요. 이 레시피처럼 올리브를 이용해 만들기도 하고, 고기를 양념과 함께 갈아 만들기도 해요. 크로스티니라는 말이 좀 생소한데요. 같은 음식을 토스카나 지방에서는 크로스티니라고 부르고, 로마에서는 브루스케타라고 부른답니다.

READY
식빵 1쪽, 블랙 올리브(씨 뺀 것) 40g, 방울토마토 6개, 바질잎 6장
케이퍼 4알, 마늘 1쪽, 엑스트라 버진 올리브 오일 1작은술, 리코타 치즈 2큰술
버터·소금·후춧가루 약간씩

COOKING

1   파테를 담을 유리병은 열탕 소독해 건조시킨다.

2   방울토마토는 끓는 물에 살짝 넣어 껍질을 벗긴다.

3   푸드 프로세서에 블랙 올리브와 ②의 방울토마토, 바질잎, 케이퍼, 마늘을 넣고 갈아 파테를 만든다. ①의 유리병에 완성한 파테를 담아놓는다.

4   식빵은 가장자리를 잘라내고 반으로 자른 후 팬에 버터와 올리브 오일을 두르고 바삭하게 굽는다.

5   ④의 식빵에 ③의 블랙 올리브 파테를 바르고 리코타 치즈를 보슬보슬하게 올려 낸다.

HARRY'S TIP 블랙 올리브 파테에 잼, 배, 사과, 오이 등을 함께 넣어 크로스티니를 만들어도 잘 어울려요. 또 흰살생선 한쪽 면에 발라 구워 먹어도 맛있어요.

해산물
꼬치구이

스피에디니(spiedini)는 '긴 창'이라는 뜻이에요. 긴 창 같은 꼬치에 각종 재료들을 끼워 구운 이 음식은 바비큐 파티나 결혼식 등 많은 사람이 오는 파티에 자주 등장해요. 아래 소개한 소스는 특별해 보이진 않지만 새우, 오징어 등 해산물을 재우면 향도 좋아지고 식감도 부드러워진답니다.

READY 중새우 12마리, 오징어 몸통 1마리분, 화이트 와인 1/2컵
대파 2대, 홍피망 약간(생략 가능), 루콜라 20g, 어린잎 채소 적당량, 빵가루 120g
소스 마늘 2쪽, 레몬 1/2개, 엑스트라 버진 올리브 오일 3큰술
다진 이탤리언 파슬리·소금·후춧가루 약간씩

COOKING

1 새우와 오징어는 흐르는 물에 씻는다. 새우는 껍데기와 머리, 꼬리, 내장을 제거해 몸통만 남기고, 오징어는 링 모양으로 썬다. 새우와 오징어에 화이트 와인을 부어두었다가 체에 밭친다.

2 대파는 2~3cm 길이로 썰고, 피망은 다진다. 루콜라와 어린잎 채소는 씻어서 물기를 뺀다. 마늘은 다지고, 레몬은 씻어서 껍질을 얇게 갈아 제스트를 만든다.

3 볼에 레몬을 제외한 모든 소스 재료를 넣고 잘 섞은 후 제스트를 만들고 남은 레몬의 즙을 짜 넣는다. 레몬 제스트도 함께 넣는다.

4 ①의 새우와 오징어를 ③의 소스에 잘 버무린 후 체에 밭친다.

5 꼬치에 대파→오징어→새우 순으로 번갈아 끼운다.

6 ⑤의 꼬치에 빵가루를 묻힌 후 오븐 팬에 올려 200℃로 예열한 오븐에 10분 정도 굽는다.

7 오븐을 열어 꼬치를 한 번 뒤집어 넣고 노르스름해질 때까지 구워 꺼낸다.

8 접시에 루콜라, 어린잎 채소를 깔고 ⑦의 꼬치를 올린 후 피망을 뿌려 낸다.

HARRY'S TIP 해산물에는 원래 파르메산 치즈를 잘 쓰지 않지만 해산물을 구울 때 빵가루에 파르메산 치즈 가루를 더해 구우면 풍미도 나고 간도 되어 좋아요. 또 대파 대신 방울토마토, 블랙 올리브를 넣어도 맛있어요.

비첸차식 대구절임
바칼라

Baccalà alla Vicentina

바칼라(baccalà)는 소금에 절인 대구를 말해요. 우리에겐 생소한 이름이지만 이탈리아의 오랜 전통 요리이자 바닷가 근처에서 흔히 먹을 수 있는 음식이지요. 지역마다 베네치아식, 비첸차식, 남부식 등 다양한 조리법이 있어요. 베네치아식은 촉촉하고, 비첸차식은 보슬보슬해요. 토마토소스에 오래 찐 것은 마치 아귀찜 같기도 하고요. 여기서는 샐러드처럼 먹을 수 있는 비첸차식 전채 요리로 소개합니다.

READY 대구포 500g, 굵은소금 10g, 양파 150g, 안초비 20g
엑스트라 버진 올리브 오일 90ml, 밀가루 약간, 우유 90ml, 파르메산 치즈 가루 20g
다진 파슬리·소금 약간씩, 구운 빵 적당량
폴렌타 옥수수 가루 250g, 우유 1L, 소금 약간

COOKING

1 대구포에 굵은소금을 뿌려 냉장고에 하룻밤 둔다.

2 ①의 대구포를 꺼내 물기를 짠다. 양파는 다진다.

3 달군 팬에 올리브 오일을 두르고 ②의 다진 양파와 안초비를 넣어 약한 불로 양파가 갈색이 나도록 볶는다.

4 ②의 대구에 밀가루를 묻혀 냄비에 담고 우유 90ml를 붓는다. 뚜껑을 닫고 약한 불로 1시간 이상 끓인다.

5 ③과 ④를 합치고 다진 파슬리를 넣어 나무 주걱으로 눌러가며 잘게 부수어 섞은 후 소금으로 간을 맞춘다. 물기가 많으면 체에 살짝 걸러서 조리한다.

6 냄비에 우유 1L를 담고 소금을 넣어 끓인다. 우유가 끓기 시작하면 옥수수 가루를 보슬보슬 뿌려 넣고 꾸덕하게 익힌다.

7 ⑥의 폴렌타를 네모 모양으로 만들어 접시에 담고 ⑤를 숟가락으로 모양을 잡아 올린다. 구운 빵과 함께 곁들어 낸다.

HARRY'S TIP 바칼라는 우리에게는 좀 생소하지만 이탈리아에서는 별미 요리로 꼽힙니다. 이유식 같기도 한 질감에 호불호가 갈리지만 미식가들이 좋아하는 요리이니 이탈리아에 가면 꼭 한번 드셔보세요.

피자 도를 만들어
한 입 미니 피자

　　　　피자 도를 크게 만들려면 발효도 까다롭고 밀대로 미는 것도 쉽지 않아요. 사이즈가 작아지면 만들기가 수월하죠. 반죽의 양이 적으면 온도 변화에 민감하지 않아서 발효도 쉽고 동그랗게 모양 잡아 밀기도 쉬워요. 별다른 토핑 없이 소스와 치즈만 올려 먹어도 되고, 집에 있는 재료나 좋아하는 것을 듬뿍 뿌려도 됩니다.

READY　　밀가루(강력분) 350g, 드라이 이스트 2작은술, 설탕 1큰술, 미지근한 물 250ml
　　　　　　소금 약간, 올리브 오일 1큰술, 프레시 모짜렐라 치즈 적당량
　　　　　　소스 방울토마토(캔) 1/2컵, 소금·설탕·후춧가루 약간씩, 말린 오레가노 적당량

COOKING　1　작은 볼에 드라이 이스트, 설탕, 미지근한 물 50ml를 넣고 저어 15분 정도 둔다.

　　　　　　2　볼에 밀가루와 소금을 담고 가운데에 올리브 오일을 둘러 뿌린 후 ①과 미지근한 물 200ml를 넣고 치대듯이 반죽한다. 반죽이 매끈해지면 젖은 면포나 랩을 덮어 실온에서 30분 이상 발효한다. 반죽기를 사용해도 된다.

　　　　　　3　②의 반죽이 2배로 부풀면 손으로 2분 정도 치대어 공기를 뺀 후 8등분해 동그랗게 만든다.

　　　　　　4　방울토마토에 소금, 설탕, 후춧가루, 오레가노를 넣고 중간 불에서 5분 정도 끓여 식힌다.

　　　　　　5　③의 등분한 반죽을 손으로 밀어 납작하게 모양을 만든 후 ④의 토마토소스를 펴 바른다. 모짜렐라 치즈를 뿌려 200℃로 예열한 오븐에 15분 정도 굽는다.

HARRY'S TIP　오레가노잎을 채 썰어서 피자 위에 토핑으로 올려 구우면 색감이 훨씬 살아난다. 프레시 모짜렐라 치즈 대신 피자용 모짜렐라 치즈를 써도 무방하다.

이탈리아 미트볼 토마토소스

아이들 오는 날
피자욜로 소스 미트볼

Polpette al Sugo Pizzaiolo

레스토랑을 할 때 아이 손님을 위해 어떤 메뉴를 낼까 고민이 많았어요. 돈가스의 원조가 밀라노이니 돈가스를 해볼까 싶었는데, 우리나라 돈가스보다 바삭함이 덜해서 망설여졌죠. 그래서 나폴리식 미트볼을 맵지 않게 만들었더니 맛있다면서 "셰프 이모 최고"라는 칭찬을 하더라고요. 밀가루 대신 빵을 넣고 만들면 더욱 부드러워요.

READY   쇠고기(간 것) 500g, 굳은 빵 50g, 바질잎 2장, 달걀 1개
파르메산 치즈 가루 50g, 소금·후춧가루 약간씩
소스 홀 토마토(캔) 750g, 마늘 1쪽, 양파 1/4개, 엑스트라 버진 올리브 오일 1큰술
이탤리언 파슬리 약간, 소금·후춧가루 약간씩

COOKING   1   굳은 빵은 물에 적셔 꼭 짜고, 바질잎은 채 썬다.

2   마늘은 편으로 썰고, 양파는 다진다.

3   볼에 쇠고기 간 것, ①의 빵과 바질잎, 달걀, 소금, 후춧가루를 넣고 조물조물 섞은 후 파르메산 치즈 가루를 2큰술 정도 넣고 치대듯이 반죽한다.

4   ③의 고기 반죽을 조금씩 떼어 동그랗게 미트볼을 만든다.

5   달군 팬에 올리브 오일을 두르고 ②의 마늘을 넣어 향을 낸 후 다진 양파를 넣고 볶아 한쪽으로 밀어둔다.

6   ⑤의 팬에 ④의 미트볼을 올려 돌려가면서 3분 정도 구워 꺼낸다.

7   홀 토마토를 손으로 대강 으깨고 꼭지를 제거한 후 ⑥의 팬에 넣는다. 소금, 후춧가루로 간한 후 뚜껑을 닫고 약한 불로 15분 정도 끓인다.

8   ⑦에 꺼내둔 ⑥의 미트볼을 넣고 뚜껑을 연 채로 5분 정도 조리한 후 파슬리를 넣는다.

9   소스와 함께 접시에 담고 남은 파르메산 치즈 가루를 뿌려 낸다.

HARRY'S TIP   이 요리에 스파게티나 쇼트 파스타를 삶아 섞으면 미트볼 스파게티가 돼요.

HARRY'S TIP 집에 버섯이 많거나 한국식 버섯 요리에 싫증이 날 때 한번 해보세요. 냉장고에 남은 자투리 채소를 함께 넣어 만들어도 됩니다.

버섯 타르트

Torta Salata di Funghi

버섯은 좋아하는 것으로 준비하되 느타리버섯보다는 맛타리버섯이 수분이 적어 사용하기 좋아요. 새송이버섯은 질기므로 가늘게 찢거나 작게 썰어 넣으세요. 버섯을 볶을 때는 센 불에서 재빨리 볶아야 물기가 생기지 않아요. 혹시 물기가 생겨버렸다면 체에 밭치거나 종이 타월로 물기를 거둬주세요.

READY

밀가루 180g, 버터 100g, 달걀 1개, 달걀노른자 1개, 소금·후춧가루 약간씩
소 양송이 250g, 표고버섯·맛타리버섯 150g씩, 마늘 1쪽
에멘탈 치즈 100g, 로즈메리(또는 타임) 1줄기, 엑스트라 버진 올리브 오일 적당량
소금 1/4작은술, 달걀 2개, 생크림 130㎖, 파르메산 치즈 가루 1큰술

COOKING

1 버섯은 모두 젖은 종이 타월로 먼지를 닦는다. 표고버섯은 기둥을 떼고, 맛타리버섯은 밑동을 자른다. 손질한 버섯은 모두 길쭉하게 찢거나 가늘게 채 썬다.

2 마늘은 편으로 썰고, 에멘탈 치즈는 잘게 썬다. 버터는 실온에 두었다가 깍둑썰기한다.

3 볼에 달걀 1개와 달걀노른자 1개, 소금 약간을 넣고 잘 푼다.

4 냄비에 올리브 오일을 두르고 편으로 썬 마늘과 로즈메리를 넣어 향을 낸다. 여기에 ①의 버섯과 소금 1/4작은술을 넣고 센 불로 볶아낸다.

5 반죽 판이나 도마 위에 밀가루를 소복이 쌓고 가운데를 살짝 헤쳐 ②의 버터를 올린 다음 ③을 붓고 잘 섞어 반죽한다.

6 종이 포일을 깔고 ⑤의 반죽을 올려 손바닥으로 살짝 눌러 납작하게 한 뒤 종이 포일을 덮고 밀대로 0.5cm 정도 두께가 되도록 민다.

7 오븐 팬에 ⑥의 반죽을 펴고 포크로 군데군데 찌른다. ④의 볶은 버섯을 담고 소금, 후춧가루를 조금 더 뿌린다.

8 볼에 달걀 2개와 생크림을 잘 풀어 ⑦에 붓고 파르메산 치즈 가루를 전체적으로 뿌린 다음 ②의 에멘탈 치즈를 고루 올린다.

9 190℃로 예열한 오븐에서 30분 정도 굽는다. 가운데를 찔러보아 덜 익었으면 10분 정도 더 익힌 후 접시에 담고 8등분해서 낸다.

버터 레몬 소스
가리비구이

Scallope al Burro e Prezzemolo

이탈리아의 고급 레스토랑에서 가리비 오븐구이를 시킨 적이 있어요. 그런데 가리비 위에 버터 녹은 것과 이탤리언 파슬리만 뿌려져 있었어요. 그런데 조금 실망하며 맛을 봤더니 너무 맛있는 거예요. 크림이나 치즈를 듬뿍 올리지 않아서 오히려 맛있었던 거예요. 이 레시피를 보면 정말 간단한 재료에 놀라겠지만 만들어보면 반하실 거예요.

READY 가리비 2개, 버터 20g, 레몬즙 1/2개분, 다진 이탤리언 파슬리·후춧가루 약간씩

COOKING
1 가리비는 깨끗이 씻어 물기를 살짝 말린 후 200℃로 예열한 오븐에서 5분 정도 굽는다.
2 ①의 가리비를 꺼내 면장갑을 끼고 입을 벌려 한쪽 껍데기를 떼낸다.
3 작은 볼에 버터와 파슬리를 넣고 잘 섞어 ②의 가리비 위에 올린 후 다시 오븐에 넣고 5분 정도 굽는다.
4 접시에 담고 레몬즙을 뿌린 후 후춧가루를 뿌려 낸다.

HARRY'S TIP 가리비는 많이 구우면 질겨지니 주의하세요. 냉동 가리비를 쓸 때도 물에 담그거나 전자레인지 해동하지 말고 냉장고에서 해동하세요. 같은 소스로 새우를 구워도 맛있습니다.

촉촉한 이탤리언 샌드위치
트라메찌니

Tramezzini

카프레제
트라메찌니

Tramezzini Caprese

트라메찌니는 '가운데에 무언가를 넣었다'는 뜻으로, 샌드위치를 말
해요. 학교 매점이나 바에 가면 트라메찌니를 촉촉하게 젖은 천으로 덮어놓은 것을
흔히 볼 수 있어요. 그렇게 덮어두어서인지 랩으로 싸놓지 않아도 빵이 촉촉했어요.
트라메찌니는 이것저것 섞어 넣기보다 속 재료를 심플하게 넣어 그 재료의 맛을 듬뿍
느끼도록 만드는 것이 포인트랍니다.

READY   식빵 2장, 프레시 모짜렐라 치즈 1덩이(250g), 토마토 1개, 로메인 1장
디종 머스터드·바질 페스토 1큰술씩, 마요네즈 2큰술, 소금·후춧가루 약간씩

COOKING

1 식빵은 가장자리를 자른다. 모짜렐라 치즈는 얇게 썰어둔다.

2 토마토는 씻어서 끓는 물에 30초 정도 담갔다가 꺼낸 후 바로
찬물에 넣어 껍질을 벗긴 다음 ①의 모짜렐라 치즈 두께로 썬
다. 로메인은 깨끗이 씻어놓는다.

3 식빵 한쪽 면에는 디종 머스터드와 바질 페스토를, 다른 쪽 면
에는 마요네즈를 바른다

4 마요네즈 바른 빵을 도마에 놓고 토마토→모짜렐라 치즈→로메
인→토마토→모짜렐라 치즈 순으로 올리고 남은 식빵을 덮는다.

5 랩으로 감싸 냉장고에 30분 정도 두었다가 세모로 자른다.

HARRY'S TIP 트라메찌니는 젖은 면포를 덮어두어야 빵의 촉촉한 식감이 유지돼요.
면포가 없다면 랩으로 전체를 감싸 보관하세요.

버섯 트라메찌니

Tramezzini Funghi

READY 식빵 2쪽, 양송이 8개, 엑스트라 버진 올리브 오일 1큰술
마요네즈 2큰술, 다진 이탤리언 파슬리·소금·후춧가루 약간씩

COOKING

1 양송이는 기둥을 떼고 젖은 종이 타월로 먼지를 닦아 잘게 다진다.

2 팬에 올리브 오일을 두르고 ①의 양송이를 올려 센 불에서 볶는다. 소금, 후춧가루로 간하고 파슬리를 넣은 후 불을 끄고 잘 섞는다.

3 식빵은 가장자리를 잘라내고 2쪽 모두 한쪽 면에 마요네즈를 바른다.

4 식빵에 버섯을 올리고 나머지 식빵을 덮어 10초간 눌렀다가 접시에 담아낸다.

훈제 연어 트라메찌니

Tramezzini Salmone

READY　식빵 2쪽, 훈제 연어 4장, 적양파 30g, 로메인 2장, 오이 1/2개
　　　　　마요네즈 2큰술, 케이퍼 약간

COOKING　1　적양파는 슬라이스해 찬물에 담가 10분 정도 매운맛을 빼고 꼭
　　　　　　짠다. 로메인은 씻어서 물기를 빼둔다.

　　　　　2　오이는 동그란 모양을 살려 슬라이스한다.

　　　　　3　식빵은 가장자리를 잘라내고 2쪽 모두 한쪽 면에 마요네즈를
　　　　　　바른다.

　　　　　4　식빵 한 장을 깔고 훈제 연어→적양파→로메인→케이퍼→오이
　　　　　　순으로 올린다.

　　　　　5　나머지 식빵을 덮어 10초 정도 눌렀다가 접시에 담아낸다.

한 입 파티 메뉴

Bruschetta Miste

이탈리아 샐러드 레시피

136

아스파라거스
타르트

Torta Salata con Asparagi

토르타(torta)는 이탈리아어로 케이크라는 뜻이에요. 하지만 소금이 들어간 토르타는 디저트가 아닌 애피타이저로 먹지요. 아스파라거스는 머리와 가운데 부분이 제일 맛있어요. 비싼 아스파라거스지만 끝부분은 한 마디 잘라내고, 필러로 껍질까지 벗겨내서 만들면 질감도 맛도 훨씬 좋답니다.

READY
밀가루 250g, 미지근한 물 130ml, 엑스트라 버진 올리브 오일 30ml
화이트 와인 비니거 15ml, 소금 1/2작은술, 타임 1줄기
소 아스파라거스 16개, 셜롯 30g, 판체타(또는 베이컨) 160g
엑스트라 버진 올리브 오일 20ml, 달걀 4개, 프로볼로네 치즈 120g
파르메산 치즈 가루 50g, 소금·후춧가루 약간씩
타르트 팬(지름 18cm)

COOKING

1 볼에 밀가루와 물, 올리브 오일 30ml, 화이트 와인 비니거, 소금을 모두 넣고 반죽한 후 랩을 씌워 냉장고에서 30분간 휴지한다.

2 아스파라거스는 밑동을 한 마디 정도 잘라내고 필러로 억센 껍질 부분을 벗겨 반으로 가른다.

3 셜롯과 판체타는 다진다.

4 달군 냄비에 올리브 오일 20ml를 두른 후 ③의 셜롯을 넣고 볶다가 ②의 아스파라거스를 넣고 볶는다.

5 ④에 소금, 후춧가루를 뿌리고 ③의 판체타를 넣어 볶다가 뚜껑을 덮고 10분 정도 둔다.

6 볼에 달걀을 풀고 파르메산 치즈 가루, 소금, 후춧가루를 넣고 거품기로 잘 섞는다.

7 ①의 반죽을 밀대로 1cm 두께가 되도록 민 다음 타르트 팬에 잘 펼쳐놓고 가장자리를 마무리한다.

8 ⑦의 타르트 팬 위에 ⑤의 아스파라거스 볶음을 고루 펼쳐 올리고 ⑥의 달걀물을 붓는다.

9 ⑧에 프로볼로네 치즈를 골고루 올려 180℃로 예열한 오븐에 30분 정도 굽는다. 윗부분이 노르스름해지면 꺼내어 잘라 낸다.

리조또를 넣은
토마토 오븐구이

Ripieni al Pomodori

토마토에 속을 채운 리조또는 포만감도 있고, 건강에도 좋아요. 토마토를 익히면 영양 성분이 더 잘 흡수되니까요. 리조또 대신 채소나 고기 간 것을 볶아 넣어도 됩니다. 저는 라구 소스를 만들어 상비해두고 쓰는데, 리조또는 물론 여러 요리에 두루 사용할 수 있어 편해요.

READY　쌀 1/2컵, 토마토(중간 크기) 4~6개, 표고버섯 2개, 홍피망 1/2개, 베이컨 2장
마늘 2쪽, 올리브 오일·화이트 와인 2큰술씩, 버터 약간, 채소 국물 2컵
다진 이탤리언 파슬리 약간, 파르메산 치즈 가루·빵가루 적당량, 소금·후춧가루 약간씩

COOKING　1　쌀은 살짝 씻어 체에 밭쳐 물기를 뺀다.

2　표고버섯은 기둥을 떼고 젖은 종이 타월로 먼지를 닦아낸다. 피망은 반으로 갈라 꼭지와 씨, 흰 부분을 제거한다.

3　표고버섯과 피망은 잘게 다진다. 베이컨은 채 썰고, 마늘도 다진다.

4　달군 팬에 올리브 오일과 버터를 넣고, 다진 마늘과 쌀을 볶는다. 쌀이 반투명해지면 화이트 와인을 넣어 알코올을 증발시킨 후 표고버섯과 베이컨을 넣고 함께 볶는다.

5　④에 채소 국물 1컵을 붓고, 팔팔 끓으면 불을 줄인 후 나머지 채소 국물 1컵을 넣고 끓인다. 쌀이 익으면 소금, 후춧가루로 간한 뒤 파슬리와 파르메산 치즈 가루를 살짝 뿌려 맛을 낸다.

6　토마토는 반을 갈라 터지지 않도록 숟가락으로 조심스레 속을 파내고 속에 남은 물기도 제거한다. 빵가루와 파르메산 치즈 가루를 섞는다.

7　토마토 안을 ⑤의 리조또로 채운 후 맨 위에 ⑥의 빵가루와 파르메산 치즈 가루를 골고루 덮는다. 200℃로 예열한 오븐에 10분 정도 구워 빵가루가 노릇해지면 오븐에서 꺼내 접시에 담아낸다.

HARRY'S TIP　토마토 속을 파낼 때 티스푼처럼 자그마한 숟가락을 이용하면 섬세하게 작업할 수 있어요.

아이를 위한 건강식

140

리조또를 담은
단호박 오븐구이

Ripieni alla Zucca

손님이 많이 오는 날 통으로 구워내는 오븐 요리를 하면 불 앞에 오래 서 있지 않을 수 있어 좋고, 모양도 근사해요. 단호박 오븐구이는 단호박까지 알차게 먹을 수 있어 포만감도 있고 다채로운 식감도 즐길 수 있어요.

READY

쌀 1/2컵, 단호박 1개, 쇠고기(간 것) 50g, 주키니·홍피망·브로콜리 1/2개씩
베이컨 2장, 마늘 2쪽, 올리브 오일·화이트 와인 2큰술씩
다진 마늘 1작은술, 채소 국물 2컵, 다진 이탈리언 파슬리 약간
파르메산 치즈 가루·빵가루 적당량, 버터·소금·후춧가루 약간씩

COOKING

1 쌀은 살짝 씻어 물기를 뺀다. 주키니는 작게 깍둑썰기하고 홍피 망도 꼭지와 씨, 흰 부분을 제거한 후 주키니 모양처럼 썬다.

2 브로콜리는 물에 흔들어 씻어 송이 부분만 따고 반으로 자른 다. 베이컨은 가늘게 채 썰고, 마늘은 편으로 썬다.

3 달군 팬에 버터를 조금 넣고 ①의 주키니를 볶는다.

4 다른 팬에 올리브 오일을 두르고 브로콜리를 볶다가 뚜껑을 덮 어 약한 불에서 10분 정도 익힌다. 소금으로 간하고 다진 마늘 을 넣은 후 불을 끈다.

5 팬에 편으로 선 마늘을 볶다가 마늘이 투명해지면 ①의 쌀을 넣고 익힌다. 쌀알이 반투명해지면 화이트 와인을 넣어 알코올 을 증발시킨 후 쇠고기 간 것과 홍피망, 베이컨을 넣고 볶는다.

6 ⑤에 채소 국물 1컵을 붓고 팔팔 끓으면 불을 줄인 후 나머지 1컵을 넣어 끓인다. 재료가 익으면 소금, 후춧가루로 간을 하고, 마지막에 파슬리와 파르메산 치즈 가루를 살짝 뿌려 맛을 낸다.

7 단호박은 오븐에서 10분 정도 구운 후 반으로 갈라 숟가락으로 속을 조심스럽게 파낸다.

8 단호박 안에 ⑥의 리조또로 1/3 정도를 채우고, ③의 주키니를 윗부분에 담은 후 빵가루와 파르메산 치즈 가루를 골고루 뿌려 200℃ 오븐에서 10분 정도 굽는다.

9 단호박이 노르스름하게 구워지면 꺼내어 그릇에 담고, 브로콜 리를 곁들여 낸다.

이탈리아 샐러드 드레시피

142

삶아 냉동해두면 편한
병아리콩 샐러드

Insalata di Ceci

중동, 이집트, 인도에서 많이 먹는 병아리콩은 열매뿐 아니라 잎, 줄기까지 약재로 쓸 정도로 몸에 좋은 식재료로 알려져 있어요. 병아리콩을 갈아 만든 후무스가 유행이라 우리에게도 익숙한 재료예요. 그런데 저는 후무스는 좀 느끼하고 이렇게 삶아 통으로 쓴 병아리콩 샐러드가 더 맛있더라고요. 불려서 삶아야 하는 번거로움이 있지만 많이 삶아 냉동 보관했다가 쓰고 싶을 때 꺼내어 쓰면 편해요. 좋아하는 채소들을 다 넣어서 한 그릇 뚝딱 할 수 있는 샐러드랍니다.

READY   병아리콩(불린 것) 400g, 참치(캔) 1개, 블랙 올리브 20개, 양파 1/2개
방울토마토 10개, 엑스트라 버진 올리브 오일 6큰술, 마늘 1쪽
로즈메리·이탈리언 파슬리 약간씩, 레몬즙·소금·후춧가루 약간씩

COOKING

1   병아리콩은 하루 전에 물에 담가 충분히 불린다.

2   냄비에 불린 콩과 마늘, 로즈메리를 넣고 잠기도록 물을 부어
30분 정도 삶은 후 찬물에 씻어 체에 밭친다.

3   참치는 기름을 버리고 체에 밭친다.

4   블랙 올리브를 다진 후 올리브 오일 2큰술을 넣고 섞어둔다.

5   양파는 채 썬다. 방울토마토는 세로로 2등분해 잘게 다지고, 파슬리도 다진다.

6   볼에 병아리콩을 담고 ④의 블랙 올리브 다진 것과 ⑤의 재료를
넣은 후 한두 번 뒤적여 섞는다.

7   ⑥에 나머지 올리브 오일 4큰술과 레몬즙, 소금, 후춧가루를 넣고
다시 한번 잘 버무려 그릇에 담은 후 참치를 군데군데 올려 낸다.

HARRY'S TIP 인스턴트 병아리콩을 사용할 경우에는 체에 밭친 후 올리브 오일을 조금
뿌려 반나절 정도 두었다가 쓰면 특유의 냄새가 좀 가셔요.

밥하는 것보다 쉬운
퀴노아 샐러드

Insalata di Quinoa

퀴노아는 남미의 안데스산맥에서 수천 년간 재배된 감자, 옥수수만큼 역사가 오랜 작물이에요. 쌀보다 단백질 함량이 높다는 것이 알려지면서 슈퍼 푸드 타이틀을 달고 널리 사랑받게 되었어요. 불릴 필요 없이 끓이면 되니까 밥하는 것보다 쉬워요. 밥에 섞어 먹어도 되지만 채소와 함께 샐러드로 먹으면 한 끼 대용으로도 좋아요.

READY   퀴노아 150g, 물 400ml, 병아리콩 300g, 오이·홍피망 1개씩
적양파 1/2개, 이탈리언 파슬리 약간
드레싱 엑스트라 버진 올리브 오일 4큰술, 레몬즙 2큰술
현미 식초 1큰술, 다진 마늘 1작은술, 소금·후춧가루·파프리카 파우더 약간씩

COOKING   1 병아리콩은 하룻밤 불려두었다가 20분 정도 삶아 찬물에 헹궈 체에 밭친다.

2 오이, 홍피망, 적양파는 다진다.

3 볼에 분량의 드레싱 재료를 담고 거품기로 잘 섞는다.

4 퀴노아는 흐르는 물에 씻어 체에 밭쳐두었다가 냄비에 퀴노아와 물 400ml를 넣고 센 불에 올린다. 끓기 시작하면 중간 불로 줄여 뚜껑을 덮고 15분 정도 익힌다.

5 포크로 퀴노아를 섞은 후 불을 끄고 5분 정도 뜸을 들인 다음 넓은 접시나 바트에 펼쳐 식힌다.

6 볼에 ①의 병아리콩과 ②의 채소, ⑤의 퀴노아를 담는다.

7 ⑥에 드레싱을 부어 두어 번 섞은 후 그릇에 담고 이탈리언 파슬리를 뿌려 낸다.

HARRY'S TIP 퀴노아 샐러드를 미니 케이크 틀에 담아 접시에 올려 빼면 케이크처럼 모양이 잡혀요. 페타 치즈를 곁들여 먹어도 잘 어울려요.

부드럽게 변신한
속 채운 닭가슴살

Ripieni al Petto di Pollo

저는 닭가슴살은 퍽퍽해서 그다지 좋아하지 않아요. 그래서 프라이
드치킨을 배달해 먹으면 닭가슴살 부분은 남겼다 찢어서 샐러드에 넣곤 해요. 제가
요리를 사랑하도록 해준 파올라 아주머니는 닭 육수를 낼 때 가슴살을 건져 이 요리
를 해주셨어요. 이것을 아주머니에게 배워 귀국 전까지 셀 수 없이 많이 만들어 먹었
답니다. 오래간만에 해보며 또 한번 추억에 잠깁니다.

READY 닭가슴살 2쪽, 어린잎 채소 30g, 주키니 1개, 마늘 1쪽, 프로슈토 2장, 에멘탈 치즈 50g
페페론치노 2개, 엑스트라 버진 올리브 오일 적당량, 소금·후춧가루 약간씩

COOKING

1 닭가슴살은 얇게 편 후 비닐을 덮고 고기 망치로 살살 때려가
   며 최대한 얇게 펴 소금, 후춧가루로 간한다.

2 어린잎 채소는 씻어서 건져놓고, 주키니는 가늘게 채 썰고, 마
   늘은 다진다.

3 ①의 닭가슴살 1쪽에 프로슈토 1장을 덮고, 채 썬 주키니를 올
   린 후 소금, 후춧가루로 간한다.

4 에멘탈 치즈를 갈아서 ③의 주키니 위에 얹고, 페페론치노 1개
   를 올린 다음 마늘 다진 것을 뿌린다.

5 ④를 돌돌 말아 랩으로 단단하게 싼다. 같은 방법으로 롤을 하나
   더 만들어 냉장고에 30분 정도 둔다.

6 오븐 팬에 올리브 오일을 두르고 ⑤의 랩을 풀어 올린 후 포일
   을 덮어 180℃로 예열한 오븐에 30분간 굽는다.

7 포일을 벗기고 200℃ 오븐에서 5분 정도 두었다가 꺼낸다. 먹기
   좋은 크기로 썰어 채소를 곁들여 낸다.

HARRY'S TIP 퍽퍽한 닭가슴살을 부드럽게 먹을 수 있는 요리예요. 닭가슴살이 너무
두툼하면 가운데에 칼집을 넣어 양쪽으로 펼친 후 두드려 사용하세요.

쫄깃한 아롱사태로
쇠고기 양파찜

Manzo con Cupola Stufato

아롱사태를 약한 불로 2시간 조려 만든 쇠고기 양파찜은 갱년기에 접어든 저를 위한 요리이기도 해요. 아롱사태는 리롤렌산이 듬뿍 들어 있어 면역력 증진과 호르몬 분비 촉진에 좋다고 해요. 장조림용 우둔살을 쓰기도 하는데 저는 아롱사태를 추천합니다.

READY 쇠고기(아롱사태) 1kg, 양파 2개, 엑스트라 버진 올리브 오일 1큰술
화이트 와인 1컵, 월계수잎 2장, 로즈메리 2줄기, 이탤리언 파슬리 1줄기
밀가루 2큰술, 소금 약간, 통후추 10알
육수 닭(토막 낸 것) 1마리, 물 2.5L, 양파·당근 1개씩, 셀러리 1대

COOKING

1 닭은 기름기를 떼고 씻어 뜨거운 물을 부은 후 냄비에 나머지 육수 재료를 넣고 뚜껑을 연 채 30분 정도 끓인다. 불을 줄여 20분간 더 끓인 다음 식혀서 체에 거른다.

2 쇠고기는 사방 4cm 정도의 정사각형으로 잘라 소금을 약간 뿌리고 밀가루를 얇게 묻힌다. 양파는 채 썬다.

3 큰 냄비에 올리브 오일을 두르고 열이 오르면 ②의 고기를 올려 중간 불로 한쪽 면만 굽는다.

4 ③에 화이트 와인을 붓고 냄비에서 자연스레 고기가 떨어지면 뒤집어 다른 한쪽 면도 5분 정도 굽는다.

5 고기를 꺼내고 같은 냄비에 ②의 양파와 소금 1/4작은술 정도를 넣고 숨이 죽도록 볶는다.

6 ⑤에 꺼내둔 고기를 다시 모두 넣고 육수 600ml를 붓는다.

7 월계수잎, 로즈메리, 파슬리를 모아 면실로 묶거나 국물 백에 담아 ⑥에 넣고, 통후추도 넣어 약한 불로 1시간 30분 정도 뭉근하게 익힌다. 중간에 간을 보고 소금을 넣거나 육수를 보충해 간을 맞춘다.

8 고기를 접시에 담고 육수를 듬뿍 얹어 낸다.

HARRY'S TIP 토마토소스로 끓이는 방법도 있어요. 육수 대신 홀 토마토를 넣고 뭉근히 끓여내세요. 소스가 남으면 파스타를 삶아 비벼 먹어도 좋아요.

발사믹 소스
등갈비구이

Costolleto al Balsamico

홍대 주변이나 신촌 등지에 가면 등갈비구이집이 참 많죠. 이탈리아에서도 등갈비를 먹는답니다. 이탈리아 등갈비를 보고 색깔도, 냄새도 우리나라 등갈비와 같아서 깜짝 놀랐어요. 발사믹 식초와 함께 간장을 쓴다는 사실에 더 놀랐고요. 2000년대를 기준으로 이탈리아도 글로벌해져서 간장을 제법 쓰고 있어요. 이 묵직한 등갈비 소스는 타닌 가득한 키안티 지방 와인과 잘 어울립니다.

READY
등갈비 600g, 맛술 1/2컵, 월계수잎 2장, 마늘 3쪽, 후춧가루 약간
소스 물 1/2컵, 발사믹 식초·꿀 5큰술씩, 간장·엑스트라 버진 올리브 오일 2큰술씩
토마토잼 1큰술(또는 과일잼 1/2큰술), 다진 마늘 3큰술, 굴 소스 1큰술

COOKING

1 등갈비는 찬물에 담가 중간중간 물을 갈아주며 40분 정도 핏물을 뺀 뒤 가운데에 칼집을 넣는다.

2 냄비에 등갈비를 깔고 물을 넉넉히 부은 후 맛술과 월계수잎을 넣고 후춧가루를 뿌려 끓인다. 고기가 익으면 체에 부어 등갈비를 건져둔다.

3 분량의 소스 재료를 모두 섞어 팬에 부은 후 20분 정도 약한 불로 졸인다.

4 ③의 소스에 ②의 등갈비와 마늘을 넣고 중간중간 등갈비를 뒤집어가며 조린다.

5 ④를 오븐 용기에 담아 180℃의 오븐에서 18분 정도 구운 후 색깔을 살펴 먹음직스러울 때 꺼내 상에 낸다.

HARRY'S TIP 이탈리아에서 등갈비는 고급 요리예요. 에스프레소를 넣어 만들기도 하지요. 위의 레시피 중 발사믹 식초 대신 에스프레소를 넣어 만들면 돼요. 설탕 대신 과일잼을 넣으면 풍미를 더할 수 있어요.

우유 넣고 끓인
돼지 안심

Maiale al Latte

쇠고기보다 돼지고기를 더 좋아하는 사람들도 꽤 있어요. 저도 그렇습니다. 특히 삼겹살은 우리가 유독 사랑하는 부위고요. 그래서인지 상대적으로 돼지 안심은 인기도 덜하고 가격도 저렴해요. 안심은 부드러워서 보통 카레나 스튜에 사용하는데 우유를 넣고 끓이면 고급스러운 메인 디시가 된답니다.

PART 6 한 입 파티

READY 돼지 안심 1덩어리(600g), 표고버섯 2개, 새송이버섯 1개
당근·양파 1/2개씩, 셀러리 1대, 엑스트라 버진 올리브 오일 1큰술, 우유 1L
월계수잎 1~2장, 로즈메리 1줄기, 소금·후춧가루 약간씩, 조리용 실 적당량

COOKING

1 안심은 선물 상자에 리본 묶듯이 면 끈을 돌려 감아 중앙에서 십자로 교차시켜 잡아당긴 후 비슷한 간격으로 빙빙 둘러서 묶는다.

2 표고버섯은 기둥을 떼고 젖은 종이 타월로 먼지를 닦는다. 표고버섯, 새송이버섯, 당근, 양파, 셀러리는 모두 잘게 다진다.

3 냄비에 올리브 오일을 두르고 당근, 양파, 셀러리를 넣어 숨이 죽도록 볶은 후 버섯을 넣고 볶는다.

4 다른 냄비에 ①의 고기, ③의 볶은 재료들, 우유, 월계수잎, 로즈메리, 소금, 후춧가루를 넣고 약한 불에서 2시간 정도 익힌다. 압력 밥솥을 쓴다면 25분간 익힌다.

5 ④에서 고기를 꺼내 끈을 푼 다음 얇게 썬다.

6 ④의 냄비에 남은 재료들을 믹서로 곱게 간다.

7 ⑥을 냄비에 담아 끓기 시작하면 ⑤의 고기를 넣고 약한 불로 1~2분 끓인다.

8 접시에 소스를 깔고 고기를 올린 후 후춧가루를 뿌려 낸다.

HARRY'S TIP 버섯은 소스에 섞지 않고 따로 구워 곁들여도 됩니다. 소스는 부드러운 맛을 내기도 하지만 고기나 해산물의 잡내를 잡아주는 역할도 해요.

이탈리아 셰프의 유튜브에서 발견한
감자 케이크

Torta di Patate

유튜브를 보다가 유쾌한 이탈리아 셰프 파파칼로(Papagallo)를 알게
됐어요. 감자를 오븐에 구워 먹는 다양한 레시피가 있는데 케이크처럼 구운 아이디어
가 좋았어요. 응용해 만들어봤더니 무척 쉬우면서도 맛있어서 소개합니다. 특히 맥주
안주로 최고예요.

READY 감자 1kg(중간 크기 3~4개), 양파 1개, 안초비 4마리, 참치(캔) 100g
페페론치노 2~4개, 엑스트라 버진 올리브 오일 2큰술, 버터 40g, 달걀 2개, 우유 2큰술
파르메산 치즈 가루 4큰술, 그뤼에르 치즈 1큰술, 빵가루 2큰술, 소금·후춧가루 약간씩

COOKING

1 양파와 안초비는 다지고, 참치는 기름을 뺀 후 체에 밭친다.

2 깨끗이 씻은 감자에 잠길 만큼 물을 붓고 소금을 넣어 껍질째
30분 정도 삶는다. 젓가락으로 찔렀을 때 폭 들어갈 정도면 된다.

3 달군 팬에 올리브 오일을 두르고 페페론치노와 양파를 넣어 볶
다가 안초비를 넣고 마지막에 버터 30g을 넣어 볶는다.

4 ③에 소금, 후춧가루를 뿌려 볶다가 불을 끈 후 참치를 넣고 잘
섞는다.

5 볼에 ②의 삶은 감자를 넣고 으깬 후 달걀과 우유, 파르메산 치
즈 가루 2큰술을 넣고 잘 섞는다.

6 오븐용 그릇에 남은 버터를 고루 바르고 빵가루를 뿌린다. ⑤의
으깬 감자를 반 정도 덜어 펴듯이 깔고 ④를 골고루 올린 후 나
머지 으깬 감자를 올려 고루 편다.

7 그뤼에르 치즈와 파르메산 치즈 가루 남은 것을 위에 뿌린 후
175℃로 예열한 오븐에 20분 정도 굽는다. 이미 익힌 재료이므
로 오래 굽지 않아도 된다. 오븐에서 꺼내 식혀서 먹기 좋게 잘
라 낸다.

HARRY'S TIP 케이크 구울 때 오븐 팬에 버터와 밀가루를 바르고 반죽을 넣듯이 여기서는 버터를 바른 다음에 밀가루 대신 빵가루를 뿌려요. 구워냈을 때 빵가루가 바삭거리고 고소한 맛을 내요. 케이크 모양 대신 주먹밥처럼 동그랗게 만들어 구워도 됩니다.

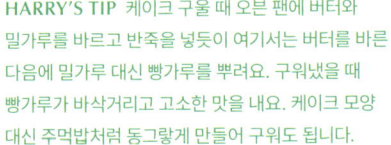

익으면 달콤한 양배추로
양배추 토르타

Torta Salata al Cavolo

이탈리아 사람들은 양배추를 그다지 즐기지 않지만 우리는 샐러드나 쌈 등으로 즐겨 먹지요. 양배추를 익히면 단맛도 나고 질감도 부드러워 맛있어요. 제가 위가 안 좋은 동생을 위해 만들어줬던 요리예요. 속이 편하다고 좋아했답니다.

READY 양배추 250g, 주키니 1/3개, 양파 1/2개, 밀가루 90g, 달걀 4개
해바라기씨 오일 적당량, 소금·후춧가루 약간씩
소스 그뤼에르 치즈 30g, 고르곤졸라 치즈 30g, 생크림 120ml

COOKING

1 양배추는 곱게 채 썬다. 양배추용 채칼을 이용하면 쉽다.

2 주키니와 양파는 채 썬다.

3 볼에 ①의 양배추와 밀가루, 달걀, 소금, 후춧가루를 넣고 잘 버무린다.

4 달군 팬에 기름을 살짝 두르고, ②의 주키니와 양파를 넣어 잘 볶는다.

5 ④에 ③의 양배추 반죽을 붓고, 숟가락으로 꾹꾹 눌러 납작하게 만든 후 포일을 덮고 중간 불에서 15분 정도 굽는다. 뒤집어서 다시 10분 정도 굽는다.

6 토르타가 구워지는 동안 다른 팬에 소스 재료를 넣고 약한 불로 8~10분 정도 진득한 농도가 되도록 졸인다.

7 접시에 ⑤의 양배추 토르타를 올려 먹기 좋은 크기로 자른 후 소스를 듬뿍 올려 낸다.

HARRY'S TIP 양배추는 맛이 순해서 올리브 오일처럼 향이 있는 기름을 쓰면 재료의 맛이 살지 않아요. 그래서 가장 향이 적은 해바라기씨 오일을 씁니다.

Index

파스타보다 맛있는
이탈리아 샐러드 레시피

초판 1쇄 발행   2023년 6월 30일

지은이   정해리

펴낸곳   브.레드
책임 편집   이나래
교정·교열   전남희
푸드 스타일링   101레시피 문인영, 이도화
사진   스튜디오 일오 이과용
디자인   아트퍼블리케이션 디자인 고흐
마케팅   김태정
인쇄   (주)상지사 P&B

출판 신고 2017년 6월 8일 제2017-000113호
주소 서울시 중구 퇴계로 41길 39 703호
전화 02-6242-9516 ㅣ 팩스 02-6280-9517 ㅣ 이메일 breadbook.info@gmail.com

ISBN 979-11-90920-38-4

b.read   브.레드는 라이프스타일 출판사입니다. 생활, 미식, 공간, 환경, 여가 등
          개인의 일상을 살피고 삶을 풍요롭게 하는 이야기를 담습니다.